Piensa estratégicamente

REVERTE MANAGEMENT
Barcelona, México

HARVARD BUSINESS REVIEW PRESS
Boston, Massachusetts

Piensa estratégicamente
Basado en HBR guide to thinking strategically

Copyright © 2019 Harvard Business School Publishing Corporation
All rights reserved.

© **Editorial Reverté, S. A., 2022**
Loreto 13-15, Local B. 08029 Barcelona – España
revertemanagement@reverte.com

Edición en papel
ISBN: 978-84-17963-44-6

Edición ebook
ISBN: 978-84-291-9708-2 (ePub)
ISBN: 978-84-291-9709-9 (PDF)

Editores: Ariela Rodríguez / Ramón Reverté
Coordinación editorial y maquetación: Patricia Reverté
Traducción: Irene Muñoz Serrulla
Revisión de textos: Mariló Caballer Gil

Impreso en España – *Printed in Spain*
Depósito legal: B 14815-2022
Impresión: Liberdúplex

79

Contenidos

Prefacio

Tu jefe te acaba de decir que «pienses estratégicamente», pero ¿qué significa eso? Actuar de esta manera es crucial para cualquiera que desee avanzar en su carrera, especialmente para los futuros líderes. De todos modos, en contadas ocasiones esta indicación viene acompañada de consejos concretos sobre cómo hacerlo.

Sin entrar en detalles, *pensar estratégicamente* significa mantener una perspectiva amplia en todos los aspectos del trabajo diario, desde la toma de decisiones hasta la determinación de las prioridades de tu equipo y la gestión de tu propia productividad. Para ello, es necesario comprender los objetivos y la estrategia clave de tu empresa, y que los tengas presentes a la hora de tener que tomar decisiones arriesgadas y de afrontar objetivos contrapuestos. Además, debes seguir siendo diligente, capaz de identificar los cambios en el entorno empresarial y de modificar la ruta cuando cambien los objetivos.

Puede ser difícil dar prioridad a las necesidades a largo plazo sobre las demandas a corto plazo y saber cómo alternarlas. Este libro te ofrece consejos prácticos y perspectivas que te ayudarán a integrar el pensamiento estratégico en tu trabajo diario para que puedas lograr el equilibrio correcto, aportar un valor real a tu organización, ser reconocido como un pensador estratégico y alcanzar tus propios objetivos estratégicos.

Aprenderás a:

- Ser más estratégico en tu trabajo diario.

- Hacer preguntas para entender mejor la estrategia de tu empresa.

- Demostrar tus habilidades de razonamiento, de manera que tus jefes lo noten y lo respeten.

- Tomar mejores decisiones rápidamente.

- Identificar cuándo tienes que ampliar, o reducir, tu perspectiva.

- Detectar patrones en las tendencias internas y externas.

- Establecer las prioridades de tu equipo en función de los objetivos, los recursos y el calendario.

- Gestionar los objetivos contradictorios y las concesiones.

- Cerrar los proyectos que ya no aportan ningún beneficio.

- Transmitir la visión de la empresa a tus empleados.

- Orientar a tu equipo para ejecutar una estrategia.

- Tratar tanto con los problemas cotidianos como con objetivos estratégicos poco claros o con una estrategia con la que no estás de acuerdo.

Introducción

Por qué todos tienen que pensar estratégicamente

Acabas de sentarte con tu jefa para hablar sobre tu rendimiento. Expones todo lo que has hecho en los últimos años, resaltando tus éxitos y tus aportaciones. Describes cómo has trabajado eficazmente con tu equipo, ofreciendo datos sobre cómo se han alcanzado los objetivos de forma constante desde que lo diriges. Le recuerdas que tus últimas evaluaciones de rendimiento han sido positivas, e incluso señalas el trabajo adicional que has asumido para ayudar a tus compañeros y, también, a tu propia jefa. Entonces le pides que te ascienda.

Tu jefa hace una pausa y responde: «Haces un buen trabajo y eres un miembro clave en la organización. No cabe la más mínima duda de que a tu equipo le va muy bien tenerte como jefe. Pero aún no estás preparado para pasar a la siguiente etapa. Antes de que podamos valorarte para que ocupes un nuevo puesto, tienes que aprender a pensar estratégicamente».

Te acaba de proporcionar una información realmente importante, y tienes una ligera idea de lo que significa: se te pide que te plantees la situación general y que tomes decisiones desde una visión más amplia. Pero esta indicación pocas veces viene acompañada de

---

Adaptado de *Pocket Mentor: Thinking Strategically* (producto #13281), *Harvard Business Press*, 2010.

consejos concretos sobre cómo hacerlo. ¿Qué significa pensar estratégicamente y cómo se desarrolla tal habilidad?

Este libro define el concepto y muestra las formas fundamentales para que puedas incorporar el pensamiento estratégico a tus tareas diarias, a la toma de decisiones y a la coordinación de los demás.

¿Qué es pensar estratégicamente?

Como directivo, a menudo te encuentras ante situaciones complicadas, problemas difíciles o desafíos. Tu trabajo consiste en afrontar esas situaciones de la mejor manera posible utilizando la información de la que dispones. En un mundo ideal, tendrías acceso a toda la información necesaria para poder navegar entre tales situaciones y decisiones. Pero en la vida real, probablemente, solo tienes una cantidad limitada de información con la que trabajar. Y, dado que te encuentras en una zona concreta de la organización, es posible que tengas una visión parcial de las fuerzas que quedan al margen de tu área de influencia.

El pensamiento estratégico te ayuda a superar esas limitaciones. En su sentido más básico, el pensamiento estratégico consiste en analizar las oportunidades y los problemas desde una perspectiva amplia, y entender el posible impacto de tus acciones en el futuro de tu organización, tu equipo o tu cuenta de resultados. Cuando piensas estratégicamente, miras más allá del trabajo diario y tienes en cuenta el entorno más amplio en el que estás operando. Te haces preguntas y te cuestionas las suposiciones sobre el funcionamiento de la empresa y el sector. Recoges datos complejos, a veces ambiguos, y los cuestionas; utilizas la información obtenida para tomar decisiones inteligentes y seleccionar las pautas de acción adecuadas. También tomas decisiones diarias sobre en qué invertir tu tiempo y el del equipo, y entiendes qué concesiones conllevan esas decisiones.

Al pensar de este modo, te aseguras de que cada decisión que tomes y cada acción que emprendas den resultados significativos.

Cuando pensáis —tú y otros miembros de la empresa— de forma estratégica, se generan importantes beneficios:

- Defines un camino para tu equipo que encaja con la estrategia empresarial general y lo recorres en tu trabajo diario.

- Tomas decisiones inteligentes a largo plazo que complementan y se alinean con las decisiones de los otros miembros de la empresa.

- Consigues que los miembros de tu equipo se comprometan a apoyar tus decisiones.

- Potencias el rendimiento de tu equipo y maximizas los resultados empresariales.

- Encauzas tu trabajo diario para poder dedicarte a las cuestiones prioritarias.

Estos beneficios también te aportan ventajas profesionales y personales, como el respeto y el aprecio de tu supervisor, de tus compañeros y de los subordinados directos; o, quizás, ese ascenso que andas buscando.

¿Quién tiene que pensar estratégicamente?

En un principio, todo el mundo debería pensar estratégicamente para estar seguros de que el trabajo que realizan contribuye directamente a los objetivos estratégicos y a los resultados de la organización. Sin embargo, como directivo, es especialmente importante tener esta visión más amplia para poder garantizar que el tiempo y los recursos de tu equipo se ajustan a los objetivos más importantes y que crean los mejores resultados para la empresa.

El pensamiento estratégico es una habilidad especialmente crucial para los directivos exigentes que quieren ascender en sus empresas.

Los altos cargos pueden ser los que establezcan la estrategia de una organización, pero no te ascenderán a esos puestos si no demuestras que tienes la habilidad de pensar estratégicamente. Aprender a tener en cuenta las necesidades generales y la visión de la empresa a la hora de priorizar los objetivos y gestionar los *trade-offs** puede ayudarte a pasar de ser un gestor a ser un líder estratégico.

Tu equipo también debe aprender a pensar de manera estratégica. Si les planteas las preguntas adecuadas y planificas detalladamente su trabajo les ayudarás a que ejecuten los objetivos estratégicos y a que aumenten la productividad, también a que se formen para convertirse en gestores o líderes cuando dispongan de las habilidades fundamentales e imprescindibles.

¿Por qué es tan difícil pensar estratégicamente?

Uno de los motivos por los que los directivos no logran pensar estratégicamente es porque creen que no tienen tiempo. Cuando has de afrontar exigencias y plazos inmediatos, no cabe la menor duda de que disponer del tiempo para plantear cuidadosamente las acciones y las decisiones a la luz de los objetivos estratégicos puede ser difícil. Sin embargo, pensar estratégicamente va más allá de asignar en el calendario una o dos horas a la semana para considerar la situación general. Es algo que influye en todo lo que hagas, desde establecer las prioridades para el equipo hasta planificar tu trabajo diario y anticiparte a los efectos de las decisiones cotidianas.

Es necesario comprender básicamente el propósito y la estrategia subyacentes de la empresa. Sin embargo, según un estudio realizado por el escritor y asesor William Schiemann, solo el 14% de las

---

* Los *trade-offs* son situaciones en las que hay que elegir entre opciones mutuamente excluyentes. Las decisiones sobre los *trade-offs* se toman analizando las ventajas y desventajas de las opciones con la finalidad de determinar lo que las organizaciones dejan de hacer para enfocarse en actividades de mayor valor.

organizaciones encuestadas afirmaron que sus empleados entendían claramente la estrategia y la dirección de su empresa, y solo el 24% consideraba que la estrategia estaba vinculada con sus responsabilidades y sus funciones individuales.[1] Estas estadísticas indican que existe una grave desconexión entre los objetivos centrales de nuestras organizaciones y lo que *realmente* hacemos en nuestro trabajo cotidiano.

Es necesario realizar un esfuerzo consciente para pensar estratégicamente de forma regular. Debes plantarte algunas cuestiones seriamente y conocer el propósito y los objetivos clave de la empresa. Debes evaluar los pros y los contras, y las posibles repercusiones de tus decisiones y acciones. Quizá tengas que dejar de lado algunos proyectos en los que el equipo ha estado trabajando durante años para, así, emprender nuevas iniciativas que podrían ser más beneficiosas. Y, en algunos casos, quizá tengas que rechazar nuevas oportunidades que, aunque parezcan interesantes, no van acordes con tus prioridades. Es muy probable que dudes cuando has de tomar decisiones difíciles, sobre todo si surgen incertidumbres y evalúas los riesgos que conlleva tu decisión final.

Pero podrás superar estos retos si sabes cuáles son las facetas de un pensador estratégico. Las personas que piensan estratégicamente tienen características, actitudes y comportamientos personales específicos, algunos de los cuales pueden parecer opuestos entre sí. Estos atributos incluyen:

- **Curiosidad.** Se interesan realmente por lo que ocurre en su departamento, en su empresa, en su sector y en el entorno empresarial en general.

- **Constancia.** Se esfuerzan por cumplir los objetivos y los persiguen con perseverancia.

---

1 William A. Schiemann, «Aligning Performance Management with Organizational Strategy, Values, and Goals», en *Performance Management: Putting Research into Action*, eds. James W. Smither y Manuel London (San Francisco, Jossey-Bass, 2009).

- **Destreza.** Son capaces de adaptar sus planteamientos y de cambiar de idea cuando disponen de nueva información que sugiera la necesidad de hacerlo.

- **Orientación hacia el futuro.** Se plantean constantemente cómo pueden cambiar las condiciones en las que operan su equipo y la empresa en los próximos meses y años. Y están atentos a las oportunidades que puedan resultar valiosas en el futuro, así como a las amenazas que puedan surgir.

- **Orientación hacia el exterior.** Son capaces de identificar las tendencias y los patrones de su sector, y comprenden las implicaciones que tienen. Además, están dispuestos a pedir opiniones a personas ajenas a su empresa para que les ayuden a mejorar el negocio.

- **Mente abierta.** Acogen con agrado las nuevas ideas de los supervisores, los compañeros, los empleados y las partes interesadas externas (como clientes, proveedores y socios comerciales).

- **Amplitud.** Trabajan continuamente para ampliar sus conocimientos y su experiencia, de modo que pueden ver conexiones y patrones en áreas de conocimiento aparentemente lejanas.

- **Cuestionamiento.** Se preguntan constantemente si *deberían* estar haciendo lo que están haciendo: si su equipo está centrado en las cosas correctas, si hay algo que pueden dejar de hacer, si deberían cambiar su enfoque y de qué forma aporta valor lo que están haciendo.

Adaptar estas cualidades te ayudará a «elevarte» para alcanzar una visión más amplia, de modo que puedas plantearte continuamente en qué ayudan tus acciones —o en qué no— a la empresa. Si aprendes a hacer esto con regularidad, podrás maximizar tu contribución en la organización y prepararte para crecer.

Para qué sirve este libro

Este libro te ofrece una hoja de ruta para que desarrolles tus habilidades para pensar estratégicamente y las desarrolles para ser un gestor o un líder más eficaz. La primera sección te inicia en este camino con una imagen de lo que significa ser un *líder estratégico*: características que debes equilibrar y habilidades que debes aprender. Incluye una evaluación que te ayudará a determinar cuáles son tus puntos fuertes en cuanto a un pensamiento estratégico y dónde necesitas mejorar, y termina con unos consejos sobre cómo asegurarte de que los demás vean tus habilidades.

Una vez que comprendas estos aspectos básicos, podrás pasar a incorporar el pensamiento estratégico a tu trabajo diario y al de tu equipo. Recomendamos seis factores clave para poner en práctica el pensamiento estratégico:

- **Comprende los objetivos estratégicos generales de tu empresa.** Como aspirante a líder, debes tener una idea clara de cuáles son los objetivos estratégicos que persigue tu empresa. La segunda sección describe cómo formular las preguntas adecuadas sobre la estrategia de tu empresa, evaluar el riesgo e identificar el impacto de tu organización en el mundo. También aprenderás a establecer las relaciones adecuadas para mantenerte en línea con el punto de vista estratégico.

- **Desarrolla una perspectiva global.** La tercera sección te ayudará a evitar que las exigencias inmediatas del día a día te bloqueen, mostrándote cómo tener una perspectiva a largo plazo, mantener esa estrategia en tu mente y pensar más ampliamente en el contexto de tu organización. Aprenderás a dedicar tiempo a pensar en el panorama general, a ver tu empresa desde diferentes enfoques, a considerar el futuro en tus acciones diarias y a observar las tendencias internas y externas para descubrir nuevas conexiones e información.

- **Toma decisiones pensando en la organización.** Cada decisión que tomes debe estar relacionada con los resultados de la empresa. La cuarta sección te ayudará a reflexionar, en lugar de reaccionar, cuando te enfrentas a alternativas y problemas difíciles. Hay una sencilla lista de comprobación que te ayudará a plantearte meticulosamente las decisiones más difíciles. Aunque los datos son cruciales para la toma de decisiones, el capítulo final de esta sección ofrece un enfoque más inteligente y estratégico sobre cómo utilizar la información a la hora de resolver problemas.

- **Establece prioridades estratégicas y gestiona los *trade-offs*.** Aunque tengas un claro conocimiento de los objetivos estratégicos de tu empresa, no siempre es evidente de qué forma se traducen en tu trabajo diario. La quinta sección presenta una sencilla herramienta que te ayudará a clasificar las prioridades cruciales, importantes y deseables. Aprenderás a crear un plan para alcanzar esos objetivos y a gestionar los *trade-offs* cuando los planes o proyectos cambien. Aprenderás también a decidir lo que *no* hay que hacer; es decir, qué iniciativas debes dejar aparte o concluir cuando otros objetivos más urgentes requieren tu atención.

- **Alinea tu equipo en torno a los objetivos de la organización.** Por último, asegúrate de que tu equipo trabaja para satisfacer las necesidades de tu empresa. En la sexta sección encontrarás preguntas y ejercicios para que puedas ayudar a tus empleados a pensar estratégicamente por sí mismos y a considerar las futuras consecuencias de las acciones del equipo. Aprenderás a tratar con tu equipo el tema la estrategia empresarial, especialmente cuando esta cambia.

- **Ve más allá de la estrategia, y ejecútala.** Una estrategia y su puesta en marcha están más estrechamente relacionadas de lo que muchos creen. En la séptima sección aprenderás a llevarla a cabo de forma más eficaz cuando consigas que las personas adecuadas trabajen en los problemas adecuados y cuando hagas las preguntas necesarias para reducir la brecha entre la estrategia y su ejecución.

La sección final se centra en los problemas más comunes de comprensión y puesta en marcha de una estrategia: cuando la estrategia no está clara o cambia constantemente, cuando crees que la estrategia de la empresa es errónea o cuando tu jefe te transmite mensajes contradictorios. Si te sientes identificado con alguna de estas situaciones, puedes pasar a la octava sección.

Este libro se centra en ayudarte a cambiar tu forma de pensar y a orientar tu trabajo y el de tu equipo con los objetivos y propósitos más amplios de tu empresa. Al pensar de este modo, comprenderás mejor no solo tu organización, sino tu sector en general, y te asegurarás de participar en tu empresa de la forma más valiosa posible.

Lo más importante, al cosechar los beneficios organizativos de este trabajo, será demostrarte a ti mismo y a los demás que estás preparado para asumir mayores cargos y más responsabilidades, y te acercarás a ese ascenso tan deseado.

Parte uno

Para empezar: sé estratégico en el trabajo diario

Capítulo 1

Liderazgo estratégico: las habilidades imprescindibles

Paul J. H. Schoemaker, Steve Krupp y Samantha Howland

El célebre banquero y financiero británico Nathan Rothschild señaló que las grandes fortunas se hacen cuando suenan los cañones en el puerto, no cuando suenan los violines en el salón de baile. Rothschild entendía que, cuanto más imprevisible es un contexto, hay mayores oportunidades, siempre que uno tenga las habilidades de liderazgo para aprovecharlas. A través de la investigación realizada en la Wharton School y en nuestra empresa de consultoría, en la que han participado más de 20.000 ejecutivos hasta la fecha, hemos identificado seis habilidades que, cuando se dominan y se utilizan conjuntamente, permiten a los líderes pensar estratégicamente y desenvolverse con eficacia ante lo desconocido: las habilidades de anticipar, cuestionar, interpretar, decidir, alinear y aprender continuamente. Se ha prestado atención a cada una de ellas en los escritos que tratan el tema del liderazgo, pero normalmente de forma aislada, y rara vez en el contexto específico de los grandes riesgos y las incertidumbres que pueden favorecer, o destruir, tanto a las empresas como a los profesionales. En este artículo

---

Reimpreso de *Harvard Business Review*, enero-febrero de 2013 (producto #R1301L).

se hace una detallada descripción de estas seis habilidades. Un líder estratégico con capacidad de adaptación —alguien que es tan categórico como flexible, persistente ante los contratiempos y, además, capaz de reaccionar estratégicamente ante los cambios de su entorno— sabe manejar las seis habilidades a la vez.

¿Dispones de las redes adecuadas que puedan ayudarte a ver oportunidades antes que tus competidores? ¿Te sientes cómodo cuestionándote tus propias suposiciones y las de los otros? ¿Puedes conseguir que un grupo diverso acepte una visión común? ¿Aprendes de los errores? Cuando respondas a este tipo de preguntas, obtendrás una visión clara de tus capacidades en cada área. El autodiagnóstico que aparece al final de este artículo (también el test más detallado y disponible en línea) te ayudará a medir tus puntos fuertes y los débiles, a abordar tus carencias y a optimizar toda tu cartera de habilidades de liderazgo.

Vamos a ver cada habilidad por separado.

Anticipar

La mayoría de las organizaciones y de los dirigentes no saben detectar las ambiguas amenazas y oportunidades que se generan alrededor de su negocio. Los directivos de la conocida marca Coors tardaron en ver que aumentaba la preferencia por las cervezas bajas en calorías. La dirección de Lego no vio que se estaba gestando la revolución electrónica de los juguetes y el entretenimiento. Por el contrario, los líderes estratégicos están constantemente atentos, perfeccionando su capacidad de previsión, escudriñando el ambiente en busca de señales de cambio.

Estuvimos trabajando con un director general llamado Mike, que se había forjado una reputación de mago de la transformación en empresas de fabricación pesada. Era un experto en reaccionar ante las crisis y solucionarlas. Después de haber hecho un juego de malabares en una crisis determinada, la empresa de Mike experimentó un gran crecimiento, impulsado en parte por un ciclo alcista. Pero, cuando el ciclo alcanzó su punto máximo, la demanda se redujo bruscamente, cogiendo a Mike desprevenido. Más de lo mismo no iba a funcionar en un mercado a la baja. Mike necesitaba tener en cuenta varios escenarios y reunir información de diversas fuentes para anticipar hacia dónde se dirigiría su sector industrial.

Enseñamos a Mike y a los miembros de su equipo a captar las sutiles señales internas y externas de la organización. Trabajaron para desarrollar redes más amplias y para captar la perspectiva de los clientes, los competidores y los socios. Más atentos a las oportunidades fuera del negocio principal, Mike y su equipo diversificaron la cartera de productos y adquirieron una empresa en un mercado adyacente donde la demanda era mayor y menos susceptible a los ciclos de ascenso y descenso.

Mejora tu capacidad de *anticipación*:

- Habla con los clientes, los proveedores y otros colaboradores para entender sus retos.

- Lleva a cabo estudios de mercado y simulaciones empresariales para comprender las perspectivas de los competidores, calibrar sus probables reacciones ante nuevas iniciativas o productos y predecir posibles ofertas disruptivas.

- Planifica distintos escenarios para imaginar distintas posibilidades futuras, y prepararte para lo inesperado.

- Observa a un rival que tenga un rápido ascenso y examina las acciones que ha realizado y que te desconciertan.

- Enumera los clientes que has perdido recientemente e intenta averiguar por qué.

- Asiste a conferencias y eventos en otras industrias o profesiones.

Cuestionar

Los pensadores estratégicos cuestionan el *statu quo*. Cuestionan sus propios supuestos y los de los demás y fomentan puntos de vista divergentes. Solo después de una cuidadosa reflexión y de examinar un problema desde diferentes puntos de vista, toman las medidas decisivas. Eso requiere paciencia, valor y tener una mente abierta.

Pensemos en Bob, el presidente de un departamento de una empresa de servicios energéticos con la que trabajamos: siempre se mantenía firme en sus costumbres y evitaba las situaciones arriesgadas o complicadas. Cuando se enfrentaba a un problema difícil —por ejemplo, cómo consolidar las unidades de negocio para racionalizar los costes— reunía toda la información disponible y se retiraba a su despacho. Sus soluciones, aunque bien pensadas, eran predecibles y rara vez innovadoras. En el caso de esa consolidación, se centró por completo en dos negocios similares y de bajo rendimiento, en lugar de considerar una reorganización más audaz que racionalizara las actividades de toda la división. Cuando necesitó asesoramiento externo recurrió a varios consultores experimentados de una empresa de confianza que le sugirieron soluciones probadas, en lugar de cuestionar los supuestos básicos del sector.

A través del coaching, ayudamos a Bob a que aprendiera a solicitar puntos de vista diferentes —incluso los opuestos— para que se cuestionara su propio pensamiento y el de sus asesores. Al principio le resultaba incómodo, pero luego empezó a ver que podía generar nuevas soluciones para los problemas más antiguos y mejorar su toma de decisiones estratégicas. Para la racionalización organizativa, incluso destinó a un compañero para que hiciera de abogado del diablo; un enfoque que dio lugar a una solución híbrida: a algunos equipos de los mercados emergentes se les permitió mantener sus equipos locales y la asistencia financiera durante un periodo de transición, mientras aprovechaban el modelo totalmente centralizado para el apoyo informático y jurídico.

Para mejorar tu capacidad de *cuestionamiento*:

- Céntrate en las causas fundamentales de un problema, en lugar de en los síntomas. Aplica los «cinco por qué» de Sakichi Toyoda, el fundador de Toyota. («Las devoluciones de productos han aumentado un 5% este mes». «¿Por qué?». «Porque el producto funciona intermitentemente mal». «Por qué». Y así sucesivamente).

- Haz una lista de las clásicas suposiciones sobre un aspecto de tu negocio («Los altos costes de cambio impiden que nuestros clientes nos abandonen») y pregunta a un grupo diverso si son ciertas.

- Fomenta el debate celebrando reuniones en «zonas seguras» en las que se espera, y es bienvenido, el diálogo abierto y el conflicto.

- Establece un cargo de carácter rotatorio con el propósito expreso de cuestionar el *statu quo*.

- Incluye a los críticos en el proceso de decisión, para que desde el principio los problemas salgan a la luz.

- Recoge las sugerencias de personas a las que la decisión en cuestión no les afecte directamente y que puedan tener una buena perspectiva sobre las posibles repercusiones.

Interpretar

Los líderes que se cuestionan las cosas de forma correcta siempre obtienen información compleja y conflictiva. Por eso, los mejores también son capaces de saber interpretar esa información. En lugar de ver u oír exclusivamente lo que esperas, debes sintetizar toda la información que recibes. Tendrás que detectar patrones, superar la ambigüedad y buscar nuevas ideas. Al expresidente de Finlandia J. K. Paasikivi le gustaba decir que la sabiduría comienza por reconocer los hechos, y luego habrá que «volver a reconocerlos», o repensarlos, para revelar sus implicaciones ocultas.

Hace unos años, Liz, directora de marketing de una empresa alimentaria estadounidense, estaba desarrollando un plan de marketing para una línea de pasteles bajos en calorías. Por aquel entonces, la dieta Atkins era muy popular, y todas las empresas de alimentación tenían una estrategia de bajo contenido en calorías. Pero Liz se percató de que ninguno de los consumidores con los que hablaba evitaba los productos alimenticios de su compañía porque siguiera una dieta baja en calorías; en realidad, un segmento de rápido crecimiento —las personas con diabetes— los rechazaba porque contenían azúcar. Liz pensó que su empresa conseguiría mayores ventas si empezaba a prestar atención a los diabéticos, en lugar de a los que hacían dieta. Su habilidad para interpretar y atar cabos la llevó a emprender un cambio rentable al pasar de producir pasteles bajos en calorías a pasteles sin azúcar.

Para mejorar tu capacidad de *interpretación*:

- Cuando analices datos ambiguos, enumera al menos tres posibles explicaciones de lo que observas e invita a las partes interesadas a que aporten sus puntos de vista.

- Oblígate tanto en acercarte a los detalles como en alejarte para ver el panorama general.

- Busca activamente la información que falta y las pruebas que refutan tu hipótesis.

- Completa tus observaciones con un análisis cuantitativo.

- Desconecta —da un paseo, disfruta del arte, escucha música distinta a la acostumbrada, juega al ping-pong— para promover una mente abierta.

Decidir

En tiempos de incertidumbre, es muy probable que los jefes de departamento tengan que tomar decisiones difíciles partiendo de información incompleta, y a menudo deberán hacerlo con rapidez. Pero los pensadores estratégicos insisten en valorar las múltiples opciones desde el principio y no se obstinan prematuramente con opciones simplistas de prueba y error. No se precipitan, sino que siguen un proceso disciplinado que equilibra el rigor con la rapidez, que tiene en cuenta las ventajas y las desventajas y que analiza los objetivos a corto y largo plazo. Al final, los líderes estratégicos afrontan con valentía sus convicciones, fundamentadas en un sólido proceso de decisión.

A Janet, presidenta del área de desarrollo de una empresa tecnológica, le gustaba tomar decisiones rápidamente y simplificar el proceso. Esto funcionaba bien cuando el panorama competitivo era conocido y las operaciones eran sencillas. Por desgracia para ella, el sector estaba cambiando rápidamente ya que unos competidores que no eran los habituales y que procedían de Corea, empezaron a hacerse con la cuota de mercado con productos más baratos.

El instinto de Janet se inclinaba por una adquisición estratégica en una zona geográfica de bajo coste «una operación de riesgo» para mantener la posición competitiva de la empresa en cuanto a precios y cuota de mercado. Como defensora del plan, presionó para que se le diera luz verde rápidamente; pero, como el capital era escaso, el director general y el director financiero se resistieron. Sorprendida por ello, reunió a los directivos implicados en la decisión y los retó a que presentaran otras opciones. El equipo decidió adoptar un enfoque metódico y exploró la posibilidad de crear una joint venture o bien una alianza estratégica. Sobre la base de ese análisis, Janet acabó por decidirse por una adquisición, pero de una empresa diferente en un mercado más estratégico.

Para mejorar tu capacidad de *decisión*:

- Reformula las decisiones binarias preguntando explícitamente a tu equipo: «¿Qué otras opciones tenemos?».

- Desglosa las grandes decisiones en partes para interpretar mejor sus componentes y determinar así las consecuencias imprevistas.

- Adapta tus criterios de decisión a los proyectos a largo plazo frente a los de corto plazo.

- Explica a los demás en qué punto del proceso de decisión te encuentras. ¿Sigues buscando ideas divergentes y debates o avanzas hacia el cierre y la decisión?

- Considera la posibilidad de realizar pruebas piloto o experimentos, en lugar de grandes apuestas, y asume compromisos por etapas.

Alinear

Los líderes estratégicos deben ser expertos en encontrar un denominador común y lograr así un consenso entre las partes interesadas que tienen puntos de vista y agendas dispares. Para ello, es necesario un constante intercambio de comunicación.

Un ejecutivo con el que trabajamos, presidente de una empresa química a cargo del mercado chino, no cejaba en su empeño de ampliar el negocio. Pero le resultaba difícil conseguir el apoyo de sus colegas en otras partes del mundo. Frustrado por el hecho de que no compartían su entusiasmo por las oportunidades en China, siguió adelante en solitario, y eso aún los alejó más. Una encuesta reveló que sus colegas no entendían al cien por cien su estrategia, y por eso dudaban a la hora de respaldarlo.

Con nuestra ayuda, el presidente dio un giro a la situación. Comenzó a celebrar reuniones periódicas con sus compañeros de dirección en las que detallaba sus planes de crecimiento y les pedía su opinión, su participación y que expusieran sus puntos de vista opuestos si los tenían. Poco a poco empezaron a ver los beneficios para sus propias funciones y líneas de negocio. Con una mayor colaboración, las ventas aumentaron y el presidente llegó a ver a sus colegas como socios estratégicos y no como obstáculos.

Para mejorar tu capacidad de *alineación*:

- Informa con antelación y con frecuencia para combatir las dos quejas más comunes en las organizaciones: «Nadie me ha preguntado» y «Nadie me ha dicho nada».

- Identifica las principales partes interesadas, tanto internas como externas, determina las posiciones que tienen respecto a tu iniciativa y detecta cualquier conflicto de intereses. Busca agendas, o programaciones, y coaliciones ocultas.

- Lleva a cabo conversaciones estructuradas y coordinadas para exponer las áreas de incomprensión o resistencia.

- Acércate a quienes se resisten directamente para entender sus preocupaciones y así, después, poder afrontarlas.

- Presta atención a las posiciones de las partes interesadas durante el despliegue de tu iniciativa o tu estrategia.

- Reconoce a quienes apoyan la alineación del equipo y agradéceselo de algún modo.

Aprender continuamente

Los líderes estratégicos son el punto central del aprendizaje organizativo. Promueven una cultura de indagación y extraen lecciones tanto en los resultados exitosos como en los que no lo son. Estudian los fracasos —los propios y los de sus equipos— de manera abierta y constructiva para descubrir las lecciones implícitas.

Un equipo de cuarenta directivos de una empresa farmacéutica, incluido el director general, realizó nuestra Autoevaluación de Aptitudes Estratégicas y descubrió que el aprendizaje era su área común de liderazgo más débil. Quedó patente que en todos los niveles de la empresa había una tendencia a castigar los errores, en lugar de aprender de ellos, por lo que los líderes solían hacer todo lo posible por encubrir los suyos propios.

El director general se dio cuenta de que la cultura de la empresa tenía que cambiar si querían ser más innovadores. Bajo su dirección, el equipo trazó tres iniciativas: (1) un programa para dar a conocer historias sobre proyectos que inicialmente habían fracasado, pero que finalmente habían derivado en soluciones creativas; (2) un programa para involucrar a los equipos de todos los departamentos en experimentos novedosos para resolver los problemas de los clientes, y luego informar de los resultados, independientemente de cuáles fueran; y (3) un concurso de innovación para generar nuevas ideas en toda la organización. Mientras tanto, el propio director general se mostró más abierto a la hora de reconocer sus errores. Por ejemplo, a un grupo de trabajadores de alto potencial les explicó cómo su retraso en la venta de una unidad de negocio que llevaba tiempo estancada les impidió adquirir una empresa de diagnósticos que les habría servido para ampliar su cuota de mercado. La lección aprendida, explicó, era que debía reducir antes las pérdidas en las inversiones de bajo rendimiento. Con el tiempo, la cultura de la empresa cambió hacia el aprendizaje compartido y una innovación más audaz.

Para mejorar tu capacidad de *aprendizaje*:

- Efectúa revisiones posteriores a la acción, documenta las lecciones aprendidas de las principales decisiones o etapas —también el cierre de un proyecto fallido— y expón abiertamente las ideas resultantes.

- Recompensa a los directivos que intentan algo loable, pero que fracasan en cuanto a resultados.

- Realiza auditorías de aprendizaje anuales para ver en qué aspectos las decisiones y las interacciones del equipo pueden ser deficientes.

- Identifica las iniciativas que no están dando los resultados esperados y examina las razones intrínsecas.

- Crea una cultura organizacional en la que se valore la indagación y los errores sean vistos como oportunidades de aprendizaje.

Convertirte en un líder estratégico significa detectar los puntos débiles de las seis habilidades mencionadas anteriormente y corregirlos. Nuestras investigaciones demuestran que ser muy hábil en un aspecto no compensa fácilmente las carencias en otro, por lo que es importante ir mejorando de forma metódica las seis habilidades. El cuadro «¿Eres un líder estratégico?», al final de este capítulo, contiene una breve versión de nuestra Evaluación de Aptitudes Estratégicas (disponible en línea: hbrsurvey.decisionstrat.com), que puede ayudarte a encontrar qué áreas requieren más atención. Para obtener unos resultados claros y útiles, realiza la encuesta más extensa y pide a tus compañeros —o al menos a tu jefe— que la revisen y comenten tus respuestas.

PAUL J. H. SCHOEMAKER

Es el antiguo director de Investigación del Instituto Mack de la Wharton School, y coautor de *Peripheral Vision* (Harvard Business School Press, 2006). Ha sido asesor de Good Judgment Project.

STEVE KRUPP

Es socio director de Decision Strategies International, Inc.

SAMANTHA HOWLAND

Socia directora de DSI, dirige la Práctica de Desarrollo de Directivos y Líderes.

Al completar esta evaluación, piensa en el trabajo que has realizado durante el último año relacionado con el desarrollo de nuevas estrategias, la resolución de retos empresariales y la toma de decisiones complejas. Saca la media de tus puntuaciones para cada una de las seis habilidades de liderazgo y, a continuación, aborda tu área más débil... siguiendo las recomendaciones descritas en este capítulo y en línea.

¿Con qué frecuencia...?	Raramente	Casi siempre
Anticiparse a los acontecimientos	Media de la encuesta: 4,99*	
Reúnes la información de una amplia red de expertos y fuentes, tanto dentro como fuera de tu sector o tus funciones.	1 2 3 4 5 6 7	
Predices los posibles movimientos de tus competidores y sus posibles reacciones ante nuevos productos o iniciativas.	1 2 3 4 5 6 7	
Cuestionar lo establecido	Media de la encuesta: 5,52	
Analizas un problema desde varios ángulos para comprender las causas fundamentales.	1 2 3 4 5 6 7	
Buscas diversos puntos de vista para ver los múltiples ángulos de una cuestión.	1 2 3 4 5 6 7	
Interpretar la información	Media de la encuesta: 5,78	
Tienes curiosidad y una mente abierta.	1 2 3 4 5 6 7	
Pruebas distintas hipótesis de trabajo con otras personas antes de llegar a conclusiones.	1 2 3 4 5 6 7	

¿Con qué frecuencia...?	Raramente	Casi siempre

Decidir — Media de la encuesta: 4,81

Equilibras la inversión a largo plazo para el crecimiento con la presión a corto plazo para obtener resultados.

1	2	3	4	5	6	7

Determinas los *trade-offs*, los riesgos y las consecuencias imprevistas para los clientes y las otras partes interesadas antes de decidir.

1	2	3	4	5	6	7

Alinear — Media de la encuesta: 5,01

Evalúas la aceptación de las partes interesadas y su motivación para el cambio.

1	2	3	4	5	6	7

Identificas y abordas las inquietudes contrapuestas de las partes interesadas.

1	2	3	4	5	6	7

Aprender continuamente — Media de la encuesta: 4,95

Explicas historias sobre éxitos y fracasos para promover el aprendizaje empresarial.

1	2	3	4	5	6	7

Corriges el rumbo marcado atendiendo a las pruebas de disconformidad, incluso después de haber tomado una decisión.

1	2	3	4	5	6	7

* Los promedios se basan en las respuestas a esta encuesta de más de 20.000 ejecutivos.

Capítulo 2

Ser estratégico: el equilibrio entre dinamismo y consistencia

John Coleman

Como antiguo consultor, siento un profundo y permanente amor por el uso de las matrices 2×2 en la estrategia empresarial. Mis favoritas son las que destacan dos factores que, *a priori*, parecen ser contradictorios. Las veo especialmente relevantes para el desarrollo personal, ya que muy a menudo los seres humanos debemos resolver las tensiones entre valores y rasgos que compiten entre sí, y debemos prestar atención a nuestras propias fortalezas para que no se conviertan en debilidades.

Hace poco, me vino esta idea a la cabeza, pensando en cómo los líderes —y aquellos que aspiran a puestos de liderazgo— pueden ser más estratégicos, ser capaces de dirigir de forma eficaz el núcleo de su negocio, al tiempo que están abiertos a las tendencias del mercado y se adaptan a ellas. He empezado a ver esto como la capacidad de mantener dos rasgos concretos en equilibrio: la consistencia y el dinamismo. La figura 2-1 ilustra estas cualidades en una matriz de este tipo.

Adaptado de «The Best Strategic Leaders Balance Agility and Consistency» en hbr.org, 4 de enero de 2017 (producto #H03DD0).

FIGURA 2-1

Los líderes estratégicos deben ser dinámicos y consistentes al mismo tiempo

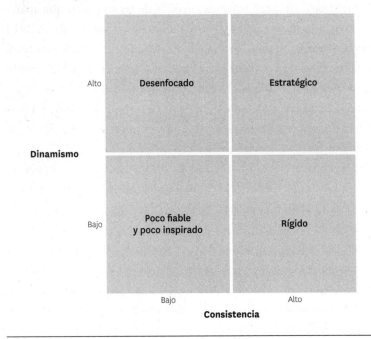

Quienes mejor funcionan son, por supuesto, *consistentes*. Los líderes constantes trabajan duro y llegan a tiempo. Se fijan objetivos para sí mismos y para sus empleados, y los alcanzan. Planifican con diligencia y generan excelentes productos y experiencias para los clientes una y otra vez. Poseen resistencia y agallas. Los consumidores esperan productos consistentes; la gente aprecia la gestión consistente.

Pero, si los líderes de las organizaciones se limitan a ser consistentes, se arriesgan a ser rígidos. En entornos cambiantes pueden tener dificultades para adaptarse y quizá se aferren a viejos hábitos y prácticas hasta que se hayan vuelto contraproducentes, y eso les distrae del nuevo trabajo más importante que se ha de hacer.

Por otra parte, los grandes líderes son *dinámicos*. Los mercados exigen que las empresas y las personas se adapten y cambien constantemente. Según un análisis realizado por Mark J. Perry en el American Enterprise Institute, el 88% de las empresas que aparecían en la lista de Fortune 500 en 1955 no figuraban en ella en 2014 (tras fusionarse, quebrar o desaparecer de la lista).[1] Como sabemos, los fabricantes de carruajes y las empresas de telégrafos han tenido que evolucionar o morir. Al igual que los directivos más exitosos deben ir cambiando a medida que asumen responsabilidades adicionales o diferentes a lo largo de su carrera, pasando de jefe de ventas a director de operaciones, o de director financiero a director general. Estos líderes deben dar un giro cuando es necesario; además, el dinamismo requiere que sean intelectualmente curiosos, que estén dispuestos a aprender de los demás, a ser comunicativos, a colaborar y a cambiar.

Pero, al igual que la consistencia puede convertirse en rigidez, el dinamismo puede convertirse en una falta de enfoque cuando no está suavizado por la consistencia. Los líderes puramente dinámicos pueden ser visionarios y agentes del cambio, pero carecen de la determinación y la dedicación necesarias para ejecutar sus ideas. A menudo, se dedican a nuevos proyectos antes de terminar los que ya están en marcha y, en casos extremos, hacen que los equipos u organizaciones entren en el caos y la inestabilidad.

Con el equilibrio entre consistencia y dinamismo, los líderes pueden convertirse en estratégicos, cumpliendo el propósito de una organización con excelencia, pero cambiando de rumbo si la situación lo exige. Estos líderes tienen un alto nivel de exigencia, alcanzan sus objetivos e intentan ser coherentes, pero también están abiertos al

---

1 Mark J. Perry, «Fortune 500 Firms in 1955 vs. 2014; 88% Are Gone, and We're All Better Off Because of That Dynamic "Creative Destruction"», aei.org, 18 de agosto de 2014, https://www.aei.org/publication/ fortune-500-.rms-in-1955-vs-2014-89-are-gone-and-were-all-better-because-of-that-dynamic-creative-destruction/.

cambio, no pierden de vista el entorno externo y entienden cuándo las viejas formas de trabajar ya no son aceptables en el mercado en el que compiten. Siguen un rumbo hasta que deja de tener sentido, y combinan la mejora continua con la planificación y la estrategia.

Por supuesto, pocos individuos son consistentes y dinámicos por igual, como sucede con el número de personas ambidiestras. Entonces, ¿cómo se pueden equilibrar ambos rasgos?

En primer lugar, como decía Sócrates: «conócete a ti mismo». ¿Eres más propenso a la constancia o al dinamismo? ¿En ti es más innata la capacidad de concentrarte en lo profundo o la de idear? ¿Mejoras en las situaciones de caos y cambio rápido, o en los períodos que requieren una persecución implacable de un objetivo claramente definido? En caso de duda, pregúntale a tu pareja, a tu mejor amigo o a tu compañero de trabajo —casi siempre lo saben—. Comprender y aceptar nuestras tendencias es la base del crecimiento.

Una vez que lo sepas, rodéate de otras personas que complementen tus rasgos. A los directivos, os aconsejo que encontréis un «número dos» fuerte que sea capaz frenar vuestros peores impulsos y potenciar vuestros puntos fuertes. ¿Eres un visionario dinámico? Busca un adjunto o compañero estructurado, metódico y disciplinado. Si eres un gestor consistente, encuentra una voz potente que dé dinamismo a tu equipo inmediato o un mentor que impulse tu creatividad, aunque te resulte frustrante. Permíteles que hablen y te cuestionen.

Apoya este modelo de organización con procesos operativos. Para garantizar la coherencia, desarrolla sólidos cuadros de mando y cuadros de mando equilibrados, que garanticen alcanzar y mejorar los resultados con regularidad. Para garantizar el dinamismo, desarrolla un modelo de planificación que permita a la organización cambiar fuera del proceso formal de planificación anual y crea un proceso de planificación estratégica anual que mire hacia afuera y que obligue a la organización a contemplar grandes ideas. Como individuo, hazlo tú mismo, quizá como ejercicio de fin de año, para asegurarte de que vas hacia los objetivos y aspiraciones acordes con el lugar en el que te encuentras como líder.

Por último, con tales personas y procesos en marcha, procura aprender y crecer. Si eres un pensador dinámico por naturaleza, puede que nunca seas el gestor operativo más consistente, pero puedes mejorar. Y a menudo puedes hacerlo con solo observar conscientemente qué funciona a tu alrededor y obligándote a ampliar tus habilidades en esa dirección. Toma nota de los rasgos que admiras en los demás —aquellos complementarios a los tuyos— y busca formas de ponerlos en práctica.

Como aspirante a líder, debes saber cómo equilibrar la coherencia y el dinamismo en tu carrera y en la organización para la que trabajas. ¿Lo estás haciendo hoy? Si no es así, toma medidas para entenderte a ti mismo, piensa en las personas y los procesos que te rodean y que pueden ayudarte a alcanzar un mayor equilibrio.

JOHN COLEMAN

Es coautor del libro *Passion and Purpose: Stories from the Best and Brightest Young Business Leaders* (Harvard Business Review Press, 2012). Puedes seguirlo en Twitter @johnwcoleman.

Capítulo 3

Demuestra que puedes pasar al siguiente nivel porque piensas estratégicamente

Nina A. Bowman

Una regla básica para conseguir un ascenso es la de demostrar que tienes muchas de las habilidades necesarias en el siguiente nivel. Los líderes noveles deben conseguir resultados y gestionar bien los recursos y a las personas, pero los directivos más eficaces, los que están «listos para ser ascendidos», también muestran otra habilidad fundamental: la capacidad de pensar estratégicamente.

Si muestras tus habilidades de pensamiento estratégico, tus jefes sabrán que eres capaz de pensar por ti mismo y de tomar decisiones que posicionen a la organización de cara al futuro. Estarán seguros de que no tomas las decisiones a ciegas, sino que tienes en cuenta cómo podrían afectar a los otros departamentos o cuáles serían las reacciones externas.

Todos sabemos que el desarrollo de las habilidades de pensamiento estratégico es importante, pero muchos no se dan cuenta de lo importante que es *mostrar* tales habilidades a tu jefe y a otros líderes de alto nivel para avanzar en tu carrera. Para destacar realmente, hay que desarrollarlas y demostrarlas.

- *Desarrollar* grandes habilidades de pensamiento estratégico es un reto exigente. Requiere aumentar tu experiencia en roles estratégicos, sintetizar mucha información, participar en la cultura de la curiosidad y acumular vivencias que te permitan identificar patrones y conectar los datos de forma novedosa. Por ello, los programas de desarrollo de alto potencial y liderazgo suelen incluir rotaciones de tareas, proyectos interdisciplinares y contacto con líderes de alto nivel; todo ello acelera el desarrollo del pensamiento estratégico.

- *Demostrar* el pensamiento estratégico, por otra parte, requiere que seas simultáneamente un comercial, un vendedor y un agente de cambio. Ya puedes mostrar tus habilidades y empezar a destacar hoy mismo. La comunicación proactiva y generalizada de tus esfuerzos estratégicos, combinada con la valentía de desafiar a los demás e iniciar y potenciar tus ideas estratégicas, es lo que hace que tu jefe y tus compañeros se fijen en ti.

El caso de uno de mis clientes de coaching ilustra las diferencias entre el desarrollo y la demostración de las habilidades estratégicas.

«No es bastante estratégico»

Tim Waters (nombre ficticio), vicepresidente de la cadena de suministro de Estados Unidos para una empresa de productos médicos en expansión, esperaba que lo nombraran vicepresidente sénior internacional, pero percibía que las conversaciones para su promoción se habían quedado estancadas. Tim tenía una buena reputación para responder a los jefes de las unidades de negocio y trabajaba incansable y eficazmente para mantener el buen funcionamiento de la cadena de suministro. Por eso se sorprendió cuando el jefe de Recursos Humanos, un viejo colega y amigo, le comentó a nivel informal que algunos ejecutivos influyentes habían expresado su preocupación por el hecho de que Tim «no era lo suficientemente estratégico». Esos ejecutivos consideraban que Tim era bueno para mantener los trenes en marcha, pero que nunca había impulsado un cambio proactivo en la organización ni había establecido una visión estratégica para la cadena de suministro. Tim se dio cuenta de que el pensamiento estratégico podía ser un área de crecimiento personal, y decidió contratar a un coach ejecutivo para que le ayudara a perfeccionar y demostrar sus habilidades.

Desarrollar el pensamiento estratégico

Construir una base sólida de tendencias y conocimientos

El primer paso de cualquier directivo para desarrollar sus habilidades de pensamiento estratégico es aprender todo lo posible sobre qué ocurre más allá de su trabajo diario. Si comprendes mejor las tendencias que hay en puestos similares al tuyo, en la empresa, el sector o el macroentorno, y te preguntas «cómo podría afectar eso a tu cargo o tu organización», tanto si eres un directivo júnior como sénior podrás exponer sólidas sugerencias estratégicas.

Tim tenía más de veinte años de experiencia en la cadena de suministro, pero por la presión del tiempo había dejado de asistir a las conferencias de su sector y de relacionarse con su red externa de analistas y compañeros de la cadena de suministro. Sabía, honestamente, que en los últimos tiempos había estado navegando como si ya supiera todo lo necesario. Su primer paso concreto fue volver a comprometerse a actualizar sus conocimientos leyendo artículos relevantes, saliendo de su organización de forma rutinaria y volviendo a relacionarse con contactos externos. Tim no tardó en conocer las nuevas formas de abordar los retos en las empresas de su entorno. Estos nuevos conocimientos le dieron mucha fuerza, y muy pronto ya estaba desarrollando una visión más aguda de las ideas para su propia empresa y planteando preguntas más estratégicas.

Dar prioridad al pensamiento estratégico

Encontrar tiempo para planificar, pensar y estar al día es un reto para los directivos de todos los niveles. El pensamiento estratégico nos enseña claramente que una actividad «importante, no urgente» tiende a quedarse relegada por el día a día. Se requiere disciplina para dedicar tiempo al aprendizaje y a la reflexión deliberada. Y los jóvenes directivos, en particular, para inculcar esta mentalidad deben establecer unos hábitos desde el principio.

Tim se dio cuenta de que su apretada agenda no le permitía estar aprendiendo y reflexionando a diario. Cambiar la forma en que los ejecutivos perciben el aprendizaje es un objetivo a largo plazo; por eso mismo, sabía que tenía que desarrollar procesos prácticos y sostenibles para que tanto él como su equipo se mantuvieran al día de las nuevas tendencias. Si no establecía unas rutinas, las demandas urgentes siempre solaparían la necesidad de mirar más allá.

Tim se comprometió a asistir a dos eventos clave al año, y los marcó en su calendario antes de que surgieran otras reuniones. Se reservó treinta minutos a la semana para leer artículos relevantes y conectarse con recursos externos. Hizo que la discusión de nuevas ideas fuera un punto recurrente del orden del día en las reuniones semanales del equipo que dirigía, y pidió a los miembros del equipo que se turnaran para traer un artículo provocativo. Tim se percató de que las buenas ideas podían provenir de cualquiera y que el desarrollo de las habilidades de pensamiento estratégico de sus subordinados directos también era beneficioso para él.

Por último, Tim ordenó a su asistente que en su calendario reservara treinta minutos antes de las reuniones importantes. Sabía que el hecho de no tener apenas tiempo para ordenar sus pensamientos antes de ir a las reuniones le hacía asistir con poca preparación, ser menos participativo y, desde luego, estar menos dispuesto a cuestionar las ideas ajenas. Solo media hora, una o dos veces a la semana, le permitiría empezar a dar forma a su punto de vista sobre temas importantes y a identificar algunas cuestiones estratégicas que plantear.

Exponer el pensamiento estratégico

Aportar un punto de vista al debate

Para mostrar un pensamiento estratégico debes sintetizar las contradicciones de un punto de vista y exponer de forma clara tu perspectiva a tus jefes. No querrás ser el gestor y líder que, al no confiar en tu propia visión, tratas de protegerte quedándote callado o remitiéndote a la persona de mayor rango de la sala. Aunque ser políticamente astuto es importante, tus jefes quieren saber qué piensas, y ven tu valía para promocionarte desde la lente de lo preparado que estás a la hora de tomar decisiones importantes. Si antes de las reuniones te preguntas «si la gente sabe cuál es tu posición», tu capacidad para demostrar esta habilidad estratégica mejorará.

Con el tiempo, los esfuerzos de Tim para moldear sus ideas empezaron a dar sus frutos. Surgieron nuevas ideas, y Tim pudo cambiar sus contribuciones en las reuniones de los altos ejecutivos, pasando de las aportaciones operativas a las estratégicas. Se tomó el tiempo necesario para plasmar sus ideas en una visión de la organización e involucró a sus compañeros en nuevas discusiones sobre cómo ese enfoque podría afectar a sus áreas. Unos debates fueron mejor que otros, y Tim aprendió rápidamente a formular sus ideas de forma que sus compañeros no las vieran como una amenaza.

Tener una perspectiva más despejada también mejoró la eficacia de Tim como supervisor. Tim se percató de que su equipo no disponía de las habilidades específicas necesarias para apoyar su punto de vista. Ahora, en lugar de tener discusiones reactivas con su socio de negocios de Recursos Humanos, era capaz de participar en discusiones con una visión de futuro sobre la contratación estratégica y las oportunidades de desarrollo de liderazgo para su equipo. Demostrar que piensas estratégicamente respecto a la contratación y el desarrollo del talento es una forma efectiva para que tus líderes confíen en ti.

Demuestra que puedes innovar y aportar un cambio estratégico

Para consideren que eres un pensador estratégico es fundamental que des un paso más allá de ofrecer ideas y conocer que sucede fuera de tu área: también debes demostrar que puedes utilizar tus conocimientos para poner en práctica nuevas ideas. El alcance de esta iniciativa dependerá de tu cargo. Pero, sea cual sea tu nivel, puedes exponer tu pensamiento estratégico ejecutando un proyecto innovador que demuestre que tus conocimientos van más allá de tu cargo actual y visibilizando tus esfuerzos.

Tim canalizó su renovada energía y el punto de vista que había adquirido en un proceso de planificación estratégica que culminó con recomendaciones formales para el grupo de la cadena de suministro. Comunicó el proyecto y sus hitos a toda la organización; con lo que el equipo ejecutivo vio que podía liderar una iniciativa estratégica —antes, Tim la habría mantenido entre bastidores—. Sugerir audazmente cambios que aportaran beneficios fue un cambio bienvenido tanto para él como para sus colegas. Sintió que tenía mayor control y que proyectaba mayor seguridad, pues no solo se limitaba a reaccionar ante las sugerencias y los problemas de los demás. Sus colegas también apreciaron que iniciara mejoras sin tener que insistir.

El camino de Tim para demostrar que tenía un pensamiento estratégico fue más largo de lo que esperaba; pero, con el tiempo, su jefe, sus compañeros y su equipo valoraron los cambios muy positivamente. Un año más tarde, fue ascendido a un cargo internacional. En última instancia, estaba mejor preparado para desempeñar un rol de mayor envergadura.

La necesidad de desarrollar el pensamiento estratégico, y de asegurarte de que tus jefes lo vean, es universal. Puedes empezar con algo pequeño para emprender tu viaje practicando las habilidades individuales implicadas. Puedes empezar asistiendo a una conferencia o puedes ofrecerte para colaborar en una iniciativa interdepartamental. Para adquirir práctica en el desarrollo de un punto de vista, puedes hacerte una lista de preguntas estratégicas antes de entrar en las reuniones. Como nuevo directivo, puedes centrarte en crear una red de contactos fuera de tu departamento o en abordar los puntos débiles de tu propio departamento. Si no estás seguro de por dónde empezar, el resto de este libro te ofrece muchas sugerencias prácticas para que desarrolles tus habilidades de pensamiento estratégico paso a paso.

NINA A. BOWMAN

Es socia directora de Paravis Partners, una empresa de coaching ejecutivo y desarrollo del liderazgo. Anteriormente, ocupó varios puestos de asesoramiento y liderazgo en estrategia. Es coach de ejecutivos y conferenciante sobre temas de liderazgo estratégico, presencia de liderazgo y eficacia interpersonal. También es autora de la *HBR Guide to Coaching Employees* (Harvard Business Review Press, 2015).

Parte dos

Entiende la estrategia de tu organización

Capítulo 4

Entiende la estrategia de tu organización

Tu organización tiene un plan general para desarrollar sus ventajas competitivas, probablemente presentado mediante una serie de objetivos en cascada para las distintas unidades de negocio y los trabajadores. Como directivo, trabajas con tus subordinados para llevar a cabo el plan general de la empresa; tus propias estrategias y tus objetivos deben alinearse con las prioridades establecidas desde arriba.

Pero, antes de que puedas ajustar tu trabajo a una estrategia más amplia, tienes que saber cuál es esa estrategia. No basta con leer un memorando de la estrategia. Hay que trabajar activamente para tener claro qué se supone que debes aportar y cómo debes hacerlo, para ello tendrás que ver con claridad la meta y los objetivos estratégicos de tu empresa y habrás de evaluar los riesgos potenciales.

Adaptado de *Harvard Business Review Manager's Handbook* (producto #10004), Harvard Business Review Press, 2017; *Harvard Business Essentials: Manager's Toolkit* (producto #2896), Harvard Business School Press, 2004; y «Worksheet for Clarifying Strategic Objectives», *New Leader Program*, Harvard Business Publishing, 2016.

Paso 1: Reúne información sobre los objetivos estratégicos

Revisa la documentación sobre la estrategia que esté en manos de tu equipo, tu división o tu organización. Esa información será vital para entender qué objetivos pretende alcanzar la empresa y cómo los equipos de liderazgo están transmitiendo esa orientación. Pero no te detengas ahí. Organiza una «gira de escucha», una serie de conversaciones con las personas clave de tu empresa para que te ayuden a aclarar tus objetivos estratégicos. Obviamente, es importante entrevistarte con tu jefe, pero también tendrás que conocer las perspectivas de otros líderes de tu grupo u organización.

No busques solo las respuestas de arriba. Escucha a los compañeros de trabajo que están a tu lado o a quienes están un nivel inferior. También deberás escuchar a personas que no tienen poder de decisión para poner en práctica sus ideas, pero que han hecho una buena lectura de lo que realmente está sucediendo. ¿Quién lleva mucho tiempo en la empresa? ¿Quién ha trabajado estrechamente con la dirección actual? ¿Quién se ha trasladado recientemente desde una empresa que ha pasado por un proceso de cambio similar? Por ejemplo, un compañero de I+D puede tener conocimientos específicos sobre la evolución de la tecnología en tu sector, mientras que alguien de investigación de mercado puede tener la información más actualizada sobre la evolución de tu base de clientes (utiliza el modelo de lenguaje que aparece en el cuadro «Definir los objetivos estratégicos» como plantilla para estas discusiones).

Cuando mantengas estas conversaciones, intenta que los planteamientos sean claros y específicos. Haz preguntas como: «Te he oído decir que la innovación es una prioridad para mi equipo, ¿en qué te gustaría que nos centráramos?». Si las preguntas abiertas no te aportan respuestas, presenta opciones más concretas: «Creo que hay muchas oportunidades para innovar en la forma de llevar a cabo las relaciones con los clientes y en nuestra tecnología de inventario, ¿en qué te gustaría que nos centráramos?».

DEFINIR LOS OBJETIVOS ESTRATÉGICOS

Tu organización

- ¿Cuáles son los principales objetivos estratégicos de la empresa en este momento?
- ¿Cuáles son las principales necesidades/retos/oportunidades a las que nos enfrentaremos en los próximos seis meses? ¿En un año? ¿A largo plazo?
- Estoy escuchando que _____ es nuestra principal prioridad en este momento, y que a largo plazo nos estamos preparando para _____. ¿Estoy entendiendo bien la situación? ¿Me estoy perdiendo algo?

Tu equipo

- ¿Cómo crees que encaja mi equipo en este contexto?
- ¿Cuáles son tus principales prioridades para mi grupo? ¿Cuáles son las grandes necesidades/retos/oportunidades que te gustaría que abordáramos en los próximos seis meses? ¿En un año? ¿A largo plazo?
- Me gustaría que mi equipo hiciera _____ y _____. ¿Qué opinas?

Tú

- ¿Qué papel te gustaría que tuviera en el desarrollo de esta estrategia?
- ¿Cuáles son las principales necesidades/retos/oportunidades que te gustaría que asumiera en los próximos meses? ¿En el próximo año? ¿A largo plazo?
- Creo que sería más útil haciendo _____ y _____. ¿Qué opinas?
- Con tu jefe o tus compañeros clave: ¿Cuáles son vuestros principales objetivos ahora mismo dentro de la organización? ¿Cómo puedo ayudaros a lograrlos?

Cuando se trate de debates, observa las lagunas y las contradicciones de tus interlocutores. ¿Diferentes personas hacen hincapié en diferentes objetivos estratégicos? ¿Tu supervisor te encarga proyectos que no coinciden con las prioridades que ellos mismos han definido? Si puedes, presiona para averiguar de dónde proceden esas incoherencias: «¿Cómo crees que esta tarea especial se integra en la dirección general que has trazado para mi departamento?».

Paso 2: Analiza el riesgo de los objetivos estratégicos

Una vez que hayas identificado los objetivos y las oportunidades que tienes ante ti, revisa toda la información que has recopilado y pregúntate en qué puntos hay mayores riesgos:

- ¿Cuáles son los principales motivos de incertidumbre para el futuro de tu equipo?

- ¿Qué riesgos externos puedes identificar? Piensa en aspectos como la financiación, la competencia y los conflictos con otras unidades de la empresa, en la situación de los patrocinadores o colaboradores dentro de la empresa y en una posible reorganización.

- ¿Qué riesgos internos puedes identificar? Ten en cuenta los próximos cambios de personal, la dinámica del equipo y, por supuesto, la política.

Filtra también todo lo que estás aprendiendo mediante una pregunta más personal: ¿Cómo has de actuar para tener éxito en tu cargo? No se trata de que seas vanidoso. Tus jefes esperan que seas un pensador estratégico, y eso significa aprender a evaluar los riesgos y las oportunidades que tendrás que sortear tú mismo.

Hazte las siguientes preguntas:

- ¿Cuáles son las principales causas de incertidumbre en mi propio futuro?

- ¿Cuáles son los riesgos profesionales para tener éxito? Piensa en diferentes categorías: tus objetivos profesionales; tu experiencia, formación y acreditación; tu red de contactos, especialmente dentro de tu empresa; o la logística de trabajo (por ejemplo, dificultades de desplazamiento).

- ¿Cuáles son los riesgos personales para tener éxito? Piensa en tu salud, tu familia, tus finanzas, tu personalidad o tu disposición.

Cuando hayas comprendido los principales riesgos que conlleva el tener éxito, analízalos desde distintos ángulos. En primer lugar, ¿cuáles de esos riesgos es más probable que influyan directamente en tu éxito? ¿Qué es lo que debes planificar urgentemente? Por ejemplo, si sabes que tu carga de trabajo dificulta el cumplimiento de plazos importantes —como la presentación de escritos legales ante un tribunal—, has de encontrar una estrategia para resolver este problema.

En segundo lugar, ¿qué peligros son inviables o difíciles de solucionar? ¿Qué es lo que no puedes planificar? Por ejemplo, puede que no sepas si tu empresa o tu departamento va a venderse el año que viene pero, si no has visto ningún indicio de que eso vaya a ocurrir, quizá no merezca la pena planificar tal supuesto. Puedes compensar ese peligro resolviendo un problema relacionado con ello; por ejemplo, planificando los retrasos o estableciendo nuevas formas de fortalecer las relaciones con otros miembros del equipo.

En tercer lugar, ¿qué peligros se pueden resolver fácilmente? ¿Existen medidas muy prácticas que puedas aplicar de forma sencilla? Si tu falta de experiencia en un determinado lenguaje de programación dificulta tu capacidad para dirigir el lanzamiento de un nuevo producto, por ejemplo, averigua si tu empresa te pagaría un curso de programación o podría traer a un experto externo.

Por último, ¿a qué otras personas de tu organización afectan los mismos peligros? ¿Quién puede ser un aliado estratégico? Tal vez, si tu equipo necesita un mayor apoyo informático para cumplir sus objetivos de rendimiento, podrías averiguar si hay otra unidad de la empresa que también esté desatendida y pueda ayudarte a presionar para obtener más recursos.

Comprender la estrategia de tu empresa es crucial para garantizar que tu trabajo y el de tu equipo se ajusten a las prioridades generales. Haciendo las preguntas adecuadas a las personas clave de tu organización y evaluando los desafíos asociados a esos objetivos, puedes obtener una imagen más completa de lo que tu empresa intenta hacer y caminar hacia esa dirección estratégica.

Capítulo 5

La estrategia no es lo que se dice, sino lo que se hace

Roger L. Martin

A veces, oyes a los directivos quejarse de que su organización no tiene una estrategia. Eso no es cierto. Toda organización tiene una estrategia: su estrategia es lo que está haciendo. Piensa en ello. Cada organización compite en un lugar concreto, de una manera determinada y con un conjunto de capacidades y sistemas de gestión, todo ello como resultado de las decisiones que las personas de la organización han tomado y toman cada día.

Cuando los directivos se quejan de que la estrategia de su empresa es ineficaz o inexistente, suele ser porque no se han dado cuenta de que dicha estrategia es precisamente aquello que ellos están haciendo, y no lo que dicen sus jefes. En nueve de cada diez casos, la empresa tendrá una ambiciosa «declaración de la estrategia» o alguna misión concreta: «Vamos a ser los mejores del mundo en nuestro sector y a liderar siempre la innovación en beneficio de todos nuestros clientes».

Los jefes se habrán esforzado mucho en elaborar esa declaración, y puede que sea muy loable; pero, a menos que se refleje en las acciones de

Adaptado de «Strategy Isn't What You Say, It's What You Do» en hbr.org, 18 de junio de 2014 (producto #H00UXA).

una organización, eso no es su estrategia. La estrategia de una empresa es lo que realmente hace su plantilla, no el eslogan que articulan sus jefes.

La cuestión es que todo el mundo tiene que atar cabos. Si la estrategia es lo que la gente hace, en lugar de lo que los jefes dicen, es crucial que cada persona en la organización sepa qué significa emprender acciones que vayan acordes con la intención de la estrategia que ha sido declarada.

La toma de decisiones estratégicas se extiende por toda la organización, de arriba abajo. Esto significa que cada persona de la empresa tiene un papel clave en la elaboración de la estrategia. Desempeñar bien ese papel significa tener muy claras cuatro pautas:

1. ¿Cuál es la intención estratégica de los líderes superiores?

2. ¿Cuáles son las decisiones clave que tomo en mi área?

3. ¿Con qué lógica estratégica puedo alinear esas decisiones con las de mis superiores?

4. ¿Cómo puedo difundir la lógica de mis decisiones estratégicas a mis subordinados?

Si tú, como directivo, eres capaz de cumplir las tres primeras pautas, serás dueño de tus decisiones y tu estrategia. Si cumples la cuarta, lograrás que tus subordinados repitan estas cuatro acciones y, por lo tanto, serán dueños de sus elecciones y su estrategia, y transmitirán esa tarea al siguiente nivel de la empresa. Si cada nivel sucesivo asume este grado de participación, la organización logrará que la declaración de sus jefes sea una estrategia real, no un eslogan vacío.

Roger L. Martin

Es profesor y exdecano de la Rotman School of Management de la Universidad de Toronto. Es coautor de *Playing to Win* (Harvard Business Review Press, 2013).

Capítulo 6

Crea una red estratégica

Linda A. Hill y Kent Lineback

Todos sabemos lo importantes que son las redes de contactos en muchos ámbitos de nuestra vida: en el médico y la salud, en el financiero y el legal, y especialmente en el trabajo y la carrera profesional. Lo que muchos no saben es que, para tener éxito como gestor y líder, se necesitan no una sino tres redes: la operativa, la de desarrollo y la estratégica.

En primer lugar, por supuesto, está la red de personas necesarias, tanto para ti como para tu equipo, para realizar todo el trabajo diario. Se trata de personas de otras unidades de la empresa, y externas, de las que depende tu trabajo. Esta es tu *red operativa*. Quienes están en ella no trabajan para ti, pero tu éxito depende de ellos. También incluye a quienes dependen de ti y de tu grupo para hacer su propio trabajo. Aunque no los necesites, lo que ellos te exigen puede tener una gran repercusión en cómo empleas tu tiempo y a qué prestas atención.

Tu *red de desarrollo* es el conjunto de personas en las que confías y a las que puedes acudir para que te escuchen con empatía, te aconsejen —según su experiencia— y te den un espacio para discutir y explorar opciones profesionales. De un modo u otro, son personas que te ayudan a crecer como gestor y líder.

Adaptado de «The Three Networks You Need» en hbr.org, 3 de marzo de 2011 (producto #H006X5).

Se crean redes operativas y de desarrollo de forma natural. Las personas de tu red operativa son aquellas con las que debes trabajar a diario. Y la mayoría de nosotros acudimos de forma natural a amigos y conocidos con unos conocimientos determinados para que nos ayuden personalmente en nuestros dilemas profesionales. Quizá no hayas pensado en estos dos grupos como redes, pero lo son. Según nuestra experiencia, la mayoría de los directivos dedican muy poco tiempo y atención a crearlas y mantenerlas. Se forjan sobre todo por la necesidad inmediata y la casualidad, y a menudo carecen de personas clave. Pero la mayoría de los directivos las crean, aunque sea de forma rudimentaria.

La tercera red que necesitas, tu *red estratégica*, es la que muchos directivos no crean en absoluto porque no se desarrolla de forma natural en el transcurso del trabajo y la vida. Una red estratégica tiene que ver con el *mañana*. Está formada por aquellos que pueden ayudarte a realizar dos tareas fundamentales: en primer lugar, definir lo que traerá el futuro y, en segundo lugar, prepararte para ese futuro y tener éxito en él. Esta red se solapa con la red operativa, pero las diferencias entre ambas también son significativas.

Nadie puede predecir el futuro, pero eso no significa que no haya que preocuparse por él. Aunque no puedas saber lo que va a ocurrir, *debes* identificar lo que puede pasar —los futuros más probables— y pensar en cómo prepararte para ellos. Necesitas una red estratégica porque las fuerzas que impulsan el cambio en tu área probablemente vendrán de fuera de tu entorno actual. Esto significa que necesitas algún modo de discernir esas fuerzas cuando aparezcan por primera vez en el horizonte, no cuando llamen a tu puerta. Ese es el objetivo de esta red.

Tu red estratégica consta de puestos de avanzadilla: personas que trabajan en el horizonte de tu mundo y pueden ver mundos más allá, tanto dentro como fuera de la organización. Dado que hay muchos mundos que rodean al tuyo y que no puedes predecir cuál producirá las fuerzas invasoras de la perturbación, necesitas varios puestos de avanzadilla, y debes crearlos intencionadamente, porque esas relaciones no se desarrollan de forma natural. Esa es la parte difícil.

La buena noticia es que tus vínculos con esos puestos de avanzadilla serán en su mayoría lo que los sociólogos llaman «lazos débiles». Conectas con ellos solo de vez en cuando, quizás una vez al mes o incluso solo dos o tres veces al año. Pero, una vez que has establecido esa conexión, puedes mantenerla viva con un correo electrónico ocasional, una llamada telefónica, una taza de café o una charla en el pasillo en una conferencia. Una vez que hayas establecido los vínculos, cada puesto de avanzadilla conocerá tus intereses y podrá avisarte si en el suyo se produce algo importante para tu mundo.

Como todas las redes, una red estratégica solo funciona si se basa en el interés mutuo. Tú sirves de puesto de avanzadilla en tu mundo para aquellos que te sirven en el suyo propio. Conoces sus intereses y sus objetivos, y les comunicas si hay algo en tu mundo que pueda interesarles.

El liderazgo y la gestión se basan en gran medida en el futuro; es decir, en hacia dónde vas junto a tu equipo, en el futuro que se avecina. Para definir, avanzar y tener éxito en ese futuro hay que construir de forma proactiva una amplia red de personas que vivan y trabajen en los límites de tu mundo actual.

LINDA A. HILL

Es profesora de Administración de Empresas en la Harvard Business School asociada a la cátedra Wallace Brett Donham.

KENT LINEBACK

Pasó muchos años como gerente y ejecutivo en empresas y distintos gobiernos. Son coautores de *Being the Boss: The 3 Imperatives for Becoming a Great Leader* (Harvard Business Review Press, 2011).

Parte tres

Desarrolla una perspectiva global

Capítulo 7

Detecta tendencias y patrones que afectan a tu negocio

Nina A. Bowman

A medida que las organizaciones se esfuerzan por ser más dinámicas y las fuerzas competitivas exigen una mayor capacidad de anticipación y adaptación, las personas deben comprender no solo los objetivos que persiguen, sino también las tendencias clave que pueden afectar a esos objetivos. Los directivos de todos los niveles tendrán que «levantar la cabeza» y encontrar un mayor equilibrio entre las exigencias inmediatas y las necesidades a largo plazo. Como demuestra Rosabeth Moss Kanter en el capítulo 11, los mejores líderes saben cuándo concentrarse y cuándo retirarse.

Levantar la cabeza requiere que estés atento a las sutiles señales de cambio que pueden afectar a tu cargo, tu departamento o tu negocio. Esas señales pueden provenir de tu empresa o del ámbito externo.

Observa las señales dentro de tu organización

Empieza por prestar atención a las señales internas de tu empresa, a las que tienes delante de tus narices y pueden generarte oportunidades o retos. En muchas organizaciones, las grandes exigencias del trabajo diario y los objetivos a corto plazo conducen a ver el negocio con miopía, lo que puede llevar a una toma de decisiones poco acertada y a resultados negativos. Pensemos en un director de *marketing* que no percibe las señales de las dificultades financieras de su empresa y presenta un presupuesto poco realista. O en un director de Recursos Humanos que trabaja incansablemente para contratar talentos tecnológicos muy codiciados, pero que ignora las señales de la caída de las tasas de retención en la base de empleados existente.

Para identificar los cambios relevantes que se están produciendo en tu empresa, busca las tendencias relacionadas con diferentes aspectos de tu cargo. Fíjate en las señales relacionadas con las personas, los procesos, los productos y la estrategia. Los tipos de preguntas que se muestran en la tabla 7-1 pueden ayudarte a descubrir los indicios sutiles de cambios internos.

Después de haber reflexionado sobre estas preguntas, establece conexiones entre los datos valorando las posibles implicaciones de estos cambios. Pregúntate *¿qué pueden significar estos cambios para mí y para mi departamento?*, y ¿cómo repercutirán estas señales *que detecto en mi departamento sobre las partes interesadas de otros departamentos?* Si te haces estas preguntas, te darás cuenta de dónde tienes que adaptar tu propia estrategia y tus prioridades.

Además, considera la raíz de estos cambios preguntando «¿por qué?»: ¿Por qué está disminuyendo el compromiso de los empleados en mi equipo?, o *¿por qué aumentan las solicitudes de determinadas áreas de la empresa?* Entender el origen de los cambios puede ayudarte a encontrar una solución al problema que estás afrontando o a emprender otro rumbo si el cambio lo requiere.

Estudia las tendencias fuera de tu empresa

Al explorar las causas fundamentales también tendrás que considerar las fuerzas externas que afectan a tu negocio. El monitoreo externo tradicionalmente ha sido competencia de los equipos de estrategia

TABLA 7-1

Preguntas que te ayudarán a identificar las señales de cambio interno

Personas	Procesos
• ¿Se han producido nuevas contrataciones o salidas de empleados clave en la empresa? ¿Ha habido un aumento de las contrataciones externas? • ¿Se han producido cambios importantes en las relaciones y la dinámica de poder que puedan repercutir en tus esfuerzos? • ¿Cuál es tu percepción del compromiso de los empleados y cómo puede afectar a los tiempos y resultados de tus operaciones?	• ¿Qué cambios tecnológicos o de productos clave se están produciendo en otros departamentos? • ¿Existen patrones en los tipos de requerimientos que recibes por parte de personas clave? ¿Qué podrían significar? • ¿Tu equipo ha experimentado un cambio respecto a la atención que reciben por parte de sus compañeros?

Productos	Estrategias
• ¿Cómo puede repercutir en tu línea de negocio la introducción de un nuevo producto, servicio y una nueva situación geográfica? ¿Nuevos productos indican un cambio de dirección? • ¿Hay señales de que la caída de las ventas de un producto puede deberse a factores internos?	• Una serie de adquisiciones, ¿indican un nuevo rumbo para la organización? • ¿Hay cambios en la asignación de recursos en la empresa? • ¿Hay señales de que las prioridades de las partes interesadas han cambiado?

internos, los consultores externos o los ejecutivos con visión de futuro. Pero, para que las organizaciones puedan responder más rápidamente a las pautas y tendencias externas, todos los directivos deben considerar que se trata de una tarea importante a la que merece la pena dedicar tiempo. No prestar atención a las señales externas —o esperar a que una señal sea muy visible antes de actuar— puede tener fatídicas consecuencias.

En tiempos de cambios grandes y rápidos, debes observar activamente las variaciones en tu mercado y animar a tus empleados a que también recojan y compartan la información externa pertinente. En primer lugar, especifica qué información es importante recopilar y con qué frecuencia hay que buscarla. La función de tu departamento y el grado de cambio del sector determinarán cuánto esfuerzo hay que dedicar a la supervisión externa. Los esfuerzos de supervisión rutinarios pueden ser suficientes para los sectores más estables, mientras que los sectores más dinámicos, como el tecnológico, pueden requerir acciones más frecuentes.

Es importante recurrir a una amplia gama de fuentes. De este modo, es más probable descubrir una tendencia antes que si se recurre a una sola fuente de información. Ten en cuenta las siguientes fuentes de información al realizar tu búsqueda:

- **Noticias y novedades de la competencia.** Examina regularmente los titulares de las publicaciones, explora los patrones de conversación en las redes sociales y sigue las nuevas ofertas de productos y comunicados de prensa de la competencia. Pregúntate: ¿Qué información es más relevante para el trabajo que hago? Piensa, por ejemplo, en alguien que se gana la vida fabricando juguetes. Debería tomar nota de los titulares que indican cambios en los hábitos de compra o las quejas en las redes sociales sobre las características de un producto. Si una empresa de la competencia está desarrollando un nuevo juguete tecnológico para el aprendizaje infantil, también tendrás que anotarlo para discutirlo con tu equipo.

- **Las últimas investigaciones.** Ponte en contacto con asociaciones industriales y comerciales o con las cámaras de comercio locales para obtener las últimas noticias sobre las distintas tendencias, y consulta los datos clave de las organizaciones empresariales estatales más relevantes. ¿Qué pautas pueden tener un impacto directo sobre tu negocio? Para alguien del sector del juguete, esos informes pueden revelar las tendencias del sector en cuanto a las ventas de juguetes, así como los cambios de las preferencias de los clientes y de los lugares donde realizan sus compras.

- **Personas de tu red.** Las conversaciones con antiguos compañeros de trabajo o amigos que trabajan en empresas de la competencia pueden ayudarte a conocer qué ven los otros y cómo reaccionan. Por ejemplo, el fabricante de juguetes puede asistir a convenciones y ferias de juguetes, y organizar allí reuniones informales con miembros de su red. Es el momento para hacer algunas preguntas: ¿Qué tendencia es la más interesante para ti en este momento? ¿Por qué crees *que está ocurriendo? ¿Te preocupa el sector? ¿Qué te entusiasma?*

- **Macrotendencias.** Tendencias demográficas, económicas, sociales y culturales, tecnológicas y políticas, como las que se analizan en el capítulo 10, pueden tener efectos directos e indirectos en tu sector y en tu organización. Por ejemplo, para las empresas de juguetes, las tendencias tecnológicas entrarían en juego a medida que los niños más pequeños dedicaran más tiempo a las tabletas y los móviles. También sería importante tener en cuenta los datos sobre los ingresos medios de las regiones de ventas clave a la hora de tomar decisiones sobre los precios.

- **Recursos fuera de tu área de negocio principal.** La familiaridad con nuestro propio sector y negocio puede impedirnos ver lo que es nuevo o ha evolucionado. Si observas un sector con el que estás menos familiarizado, podrás detectar incoherencias y puntos en común. Observa otros sectores o áreas y pregúntate: *¿Podría ocurrir esto en mi empresa o en mi departamento?* El fabricante de juguetes puede estudiar las actividades recreativas al aire libre, la publicación de libros, la industria del entretenimiento u otras actividades que los niños y las familias realizan juntos cuando no están entreteniéndose con juguetes.

A medida que tú y tu equipo recopiléis información, anima a tus subordinados a compartir sus primeras observaciones o inquietudes. Planifica debates en pequeños grupos sobre las señales del mercado, o programa reuniones para identificar aquello que se te escapa para que las sutiles señales salgan a la luz.

Para examinar pequeñas señales los equipos han de sentirse cómodos explorando lo que inicialmente puede parecer una «idea tonta». Quizá al principio a tu equipo no le resulte fácil hacerlo. Anima a los miembros de tu equipo para que se sientan seguros a la hora de tratar esas ideas novedosas. A continuación, decide qué señales merece la pena seguir analizando, y céntrate en las tendencias que tengan consecuencias: aquellas que tienen un amplio alcance y la capacidad de perdurar en el tiempo. Para poder separar el grano de la paja, pregunta: ¿Podría esta *idea tener un impacto significativo en la cuota de mercado o en las ventas?*, o ¿*puede esta tendencia agravar las debilidades de la empresa?*

Pasar de la información a los conocimientos

Para obtener resultados de tu investigación, debes relacionar las señales externas con las internas, aparentemente aleatorias, y convertirlas en conocimientos útiles. Combinando la información interna con las observaciones externas, encontrarás nuevas formas de superar los retos o nuevas oportunidades.

Supongamos que eres un directivo de una empresa de productos para el cuidado de la piel y te percatas de que ha habido un descenso en las ventas de una crema hidratante. En una primera revisión de los datos de ventas internos puedes concluir simplemente que las estrategias de marketing de la empresa son ineficaces, o que hay que modificar la distribución o el precio del producto. Pero, cuando se tienen en cuenta también las tendencias externas, se descubren otras posibles causas de la caída. La tendencia de que «los consumidores cada vez disponen de menos tiempo libre» puede indicar que los usuarios están abandonando por completo la tarea de ponerse crema hidratante. En las zonas de temperatura más cálida quizá los clientes estén cambiando las cremas hidratantes por protectores solares. Con estos datos podrás proponer diferentes soluciones: tal vez considerar la posibilidad de asociarte con otros productores para que una persona muy ocupada pueda combinar el uso de la crema hidratante con rutinas ya establecidas, o a buscar otros productos que se puedan vender durante las estaciones más cálidas y así compensar el descenso de las ventas. Estas opciones podrían ser mucho más eficaces que un simple cambio de ubicación, precio o marca.

Los siguientes consejos te ayudarán a que conviertas tendencias y observaciones aparentemente dispares en ideas estratégicas:

- **Detectar pautas observando la información y los datos a lo largo del tiempo.** Es posible que las pautas o los modelos no sean evidentes a corto plazo, pero a menudo se vuelven más claros cuando se observan los datos a lo largo del tiempo: a los seis meses, al año, a los tres años o más allá. Pero no hay que esperar mucho para reaccionar. Analizar el nivel de compromiso de los empleados, por ejemplo, puede revelar mucho sobre su satisfacción laboral y sobre qué es lo que más valoran, por lo que puedes continuar recopilando esos datos a lo largo del tiempo para encontrar formas de mejorar el espacio de trabajo. Pero, si empiezas a detectar algunas señales de que entre ellos está aumentando la negatividad y disminuyendo la productividad, querrás responder a esa situación rápidamente, antes de que los miembros más importantes del equipo abandonen la empresa.

- **Clasificar la información por temas.** La recopilación de información puede ser algo muy tedioso. Organizar los resultados por temas afines puede reducir el número de elementos que el cerebro necesita procesar, lo que permite ver las conexiones más fácilmente. Si observas tendencias relacionadas con los patrones de compra de los clientes —incluso en diferentes sectores—, recopílalas y comprueba si hay conexiones con las ofertas de tu empresa.

- **Discutir las implicaciones de las tendencias.** No todas las tendencias que identifiques serán importantes. Como director de un banco, puede que no necesites dedicar demasiado tiempo a analizar una tendencia general de que los individuos se están acercando a las ciudades. Pero, si estos datos muestran que hay más personas que alquilan viviendas en lugar de comprarlas —sobre todo, en la región donde operas—, esto puede indicar que disminuirán las solicitudes de préstamos en el futuro. Si te centras en las implicaciones, puedes encontrar las tendencias que afectan a tu área.

- **Explorar los efectos periféricos.** Puede ser fácil ignorar las modas que no tengan un impacto directo en tu entorno, pero es importante explorar sus consecuencias a largo plazo o los efectos dominó antes de decidir que una tendencia «no es importante». Por ejemplo, el creciente número de personas que utilizan las redes sociales no parecía tener relación con las industrias de servicios hasta que los usuarios empezaron a publicar críticas y quejas en las plataformas sociales.

- **Combinar las tendencias y construir múltiples escenarios para el futuro.** A menudo surgen ideas muy útiles cuando combinamos diferentes tendencias y luego nos preguntamos: «¿Qué pasaría si…?». Por ejemplo, si te dedicas a la medicina, es posible que observes cambios en la oferta de atención sanitaria por parte de las aseguradoras, un aumento de la preocupación de las personas por cómo se van a costear el tratamiento o que cada vez más familias duden sobre si vacunar o no a sus hijos. Combinando estas tendencias, puedes preguntarte: «¿Qué pasaría si los niños padecieran enfermedades raras y no pudieran permitirse la medicación? ¿Qué opciones puedo ofrecer a mis pacientes en estas situaciones? ¿Qué significará esto para otros pacientes en la sociedad?». Pensando en tres o cuatro escenarios plausibles de cómo podrían desarrollarse las tendencias seleccionadas, reducirás el tiempo de respuesta necesario si la situación se da en un escenario concreto.

- **Hacer las grandes preguntas.** Los conocimientos son producto de las preguntas que se formulan. Cuanto más relevantes sean las cuestiones que te planteas, mayor será tu nivel de conocimiento. Un directivo en el ámbito del liderazgo y el desarrollo puede preguntarse: «¿Cómo he de preparar a John para que sea un líder más eficaz?», y obtendrá una respuesta a corto plazo. En cambio, podría preguntarse: «¿Cómo afectará la media de edad a nuestro proceso de liderazgo en general?». Esta pregunta más amplia conducirá a un conjunto de acciones que pueden posicionar a la empresa a largo plazo.

Al levantar la vista para ver las tendencias y los patrones que se dan, es importante que entiendas que tu mayor obstáculo quizá no sea la información en sí misma, sino la gestión de tu propio análisis. Nuestras suposiciones y prejuicios inconscientes suelen nublar nuestra objetividad, lo que puede hacer que veamos las tendencias que deseamos ver, en lugar de las que realmente existen.

Toma medidas a conciencia para evitarlo. Cuestiona abiertamente tus suposiciones, busca datos que vayan en contra de tus creencias y establece debates con tu equipo que permitan desprenderse de esas limitaciones, de modo que se reduzcan los efectos de la parcialidad y se creen las condiciones adecuadas para emprender debates estratégicos eficaces. Con una mayor concienciación, podrás observar las tendencias con más precisión y encauzarlas de forma que favorezcan a la organización de forma objetiva.

Nina A. Bowman

Es socia directora de Paravis Partners, una empresa de coaching ejecutivo y desarrollo del liderazgo. Anteriormente, ocupó varios puestos de asesoramiento y liderazgo en estrategia. Es coach de ejecutivos y ponente sobre temas de liderazgo estratégico, presencia de liderazgo y eficacia interpersonal. También es autora de la *HBR Guide to Coaching Employees* (Harvard Business Review Press, 2015).

Capítulo 8

Distánciate para observar tu empresa

Graham Kenny

Una vez, me nombraron director general de una empresa que necesitaba un cambio de rumbo. Fabricábamos celosías y ventanas para el hogar. Una mañana, cuando llevaba unos tres meses en el trabajo, me encontré mirando por la ventana, observando los camiones y las carretillas elevadoras de abajo, y pensé: ¿Qué estoy haciendo aquí? ¿Puedo *contar con los dedos de una mano los factores del éxito en esta industria?*

En las semanas y meses siguientes, el equipo de alta dirección y yo tomamos una serie de decisiones importantes sobre el futuro de la empresa. Como equipo, observé, estábamos ocupados haciendo cosas y realizando cambios: todos tenían mucho sentido para nosotros, los directivos. Pero, a medida que pasaba el tiempo, volvía a estas preguntas una y otra vez: ¿Sabemos bien *qué necesitan nuestros clientes? ¿Hasta qué punto sabemos qué esperan de nosotros nuestros proveedores y*

Adaptado de «Customers Are Better Strategists Than Managers» en hbr.org, 23 de septiembre de 2014 (producto #H010B8) y de «Five Questions to Identify Key Stakeholders» en hbr.org, 6 de marzo de 2014 (producto #H00PH9).

empleados? ¿Qué haría falta para satisfacer esas necesidades mejor de lo que lo hacen nuestros competidores?

En resumen, había empezado a pensar de una forma que ahora llamaría «estratégica». Hasta ese momento, la mayor parte de mi atención se había centrado en salvar a la empresa de la ruina; lo que me había llevado a pensar en términos «operativos», preocupándome por las cifras de personal adecuadas, la relación entre los gastos generales y los costes directos, los precios que pagábamos por los suministros, la utilización de la maquinaria en la planta, el exceso de existencias y la obsolescencia de los productos utilizados en la fabricación, la tesorería de la empresa… por todo ese tipo de cosas.

Fue cuando dejé aquel trabajo y empecé como consultor cuando se me cayó la venda de los ojos: me di cuenta de que siempre había mirado el negocio de dentro hacia fuera. Desde esa perspectiva, solo podía ver la actividad que consumía mi día a día. También me percaté de que los clientes y otras partes interesadas tienen la perspectiva opuesta. Su visión es desde fuera hacia dentro, y eso es lo que los convierte en buenos estrategas.

Piensa en ello: como cliente, ¿cuántas veces te preguntas por qué no…? Cuando vas a unos grandes almacenes, ¿tomas nota de qué productos deberían añadirse o eliminarse? Si pudieras salirte con la tuya en la presentación de la tienda, ¿cambiarías la distribución, la iluminación y quizá la combinación de colores? ¿Y el servicio? No te faltan sugerencias, ¿verdad? Lo mismo ocurre con las aerolíneas, las compañías telefónicas, los bancos y todas las organizaciones con las que tratas: continuamente estás rediseñando factores estratégicos, como la gama de productos, la presentación o el servicio al cliente. Todos lo hacemos.

Ahora intenta hacer eso con tu propia organización. De repente, te resulta mucho más difícil hacerlo, porque ello requiere una visión externa. Aquí están mis sugerencias para que te resulte más fácil hacerlo.

Aprovecha las partes interesadas

En el caso de que tu empresa organice una reunión de dos días con un grupo de altos ejecutivos para elaborar un plan estratégico, y además estos consiguen confeccionarlo en ese plazo de tiempo, mi opinión es que no se trata de un plan estratégico en absoluto. Más bien estaríamos hablando de un plan operativo. Lo más probable es que el equipo directivo esté mirando de puertas adentro, y seguramente no tendrá todas las respuestas. Lo más probable es ni siquiera se hayan planteado las preguntas adecuadas.

Los líderes eficaces *escuchan*, *observan* y *transforman* lo que aprenden en una estrategia. La arrogancia no tiene cabida en el desarrollo de una estrategia eficaz. A tus clientes y otras partes interesadas les encantaría compartir sus ideas sobre cómo debería cambiar tu empresa para sentirse aún más implicados con ella. Así que permíteles que lo hagan (el cuadro «Cinco preguntas para identificar a los grupos de interés clave» te ayudará a crear una lista bien definida).

Realiza entrevistas para averiguar las necesidades de tus interlocutores. Quieres saber, por ejemplo, por qué los clientes decidieron comprarte a ti o acudir a la competencia. Quieres saber por qué los empleados se comprometieron a continuar en tu organización o decidieron irse a trabajar a otro sitio, por qué los proveedores aceptaron firmar contratos para suministrarte bienes o servicios cuando tenían otra opción, o por qué patrocinadores aceptaron financiar tus eventos cuando tenían muchas otras opciones que considerar. Quieres conocer su «viaje» con la organización, por decirlo en términos de marketing. A partir de los criterios que se desprenden de sus relatos, quieres saber cómo funciona tu organización y qué sugerencias tiene la gente para mejorar tu competitividad.

Cada entrevista debe realizarse poco después de que el cliente se haya desplazado a realizar sus compras, después de un acuerdo del proveedor con tu empresa, etc. Si dejas pasar demasiado tiempo, olvidarás detalles importantes y solo trasmitirás vagas impresiones.

CINCO PREGUNTAS PARA IDENTIFICAR A LOS GRUPOS DE INTERÉS CLAVE

Supongamos que te reúnes para determinar quiénes son tus principales grupos de interés. La gente presentará sus ideas. Así que en poco tiempo tendrás una larga lista y, potencialmente, una pesadilla. Si no te centras en las relaciones más importantes, la dirección y el personal irán deambulando, sin satisfacer bien las necesidades de nadie.

Para elaborar una lista más corta y coherente, responde a las siguientes preguntas sobre cada uno de los candidatos a los que has identificado en tu sesión de lluvia de ideas.

1. ¿La parte interesada tiene un impacto fundamental en el rendimiento de tu organización? (*Respuesta obligatoria: sí*).

   Ejemplo. Un fabricante de celosías y ventanas para casas decidió, unilateralmente, que el Ayuntamiento no era una parte interesada clave. Aunque este establecía normas que la empresa tenía que cumplir, esas normas no tenían tanto efecto sobre las ventas o los beneficios como sí lo tenían, por ejemplo, los clientes.

2. ¿Puedes identificar claramente lo que quieres de la parte interesada? (*Respuesta obligatoria: sí*).

   Ejemplo. Los miembros del equipo de planificación estratégica de un bufete de abogados sabían que querían obtener ingresos de los clientes, productividad e innovación de los empleados y financiación continua de los socios, pero no podían especificar qué querían de la sociedad. Esa relación no se consideraba clave.

3. ¿La relación es dinámica, es decir, quieres que crezca? (*Respuesta obligatoria: sí*).

   Ejemplo. Una empresa que gestionaba diecisiete residencias de ancianos tenía una relación dinámica y estratégica con los residentes actuales y potenciales. Buscaba aumentar el número de usuarios y las tarifas por los servicios contratados. La relación de la empresa con una universidad, por el contrario, era estática y centrada en objetivos concretos. Solo implicaba una cantidad fija cada año destinada a la financiación en materia de investigación y a la publicidad de la empresa. Aunque la marca compartida generó una mayor notoriedad y pudo haber aportado indirectamente más residentes e ingresos, la universidad no alcanzó el estatus de parte interesada clave.

4. ¿Puedes existir sin la parte interesada o sustituirla fácilmente? (*Respuesta obligatoria: No*).

Ejemplo. Una empresa de servicios profesionales en el ámbito de los recursos humanos que había pedido un préstamo inicialmente incluyó al banco como parte interesada. Pero, en última instancia, esa relación no se consideraba clave, porque el préstamo podía refinanciarse fácilmente a través de otra fuente.

5. ¿Se ha identificado ya la parte interesada mediante otra relación? (*Respuesta obligatoria: No*).

Ejemplo. Un departamento gubernamental que se ocupa de la planificación y las infraestructuras incluyó a los empleados y a los sindicatos como partes interesadas clave. Pero esto equivale a una doble contabilidad: los sindicatos representaban los intereses de los empleados y la relación principal de la organización era con sus empleados.

Una vez aplicados los criterios anteriores, tu lista será más corta, pero puede seguir pareciendo un poco difícil de manejar. En ese caso, intenta combinar categorías. Si agrupas a los interesados según sus necesidades comunes, reducirás tu lista a una longitud más manejable, y aumentará la eficacia y el impacto de tus mensajes para satisfacer las necesidades de los grupos adecuados.

Ve más allá de tus clientes actuales

Entrevista también a otros posibles interesados. Eso incluye a los clientes y demás personas que actualmente tratan con tus competidores, pero también a los que no interactúan ni contigo ni con tus rivales. En el sector del vino, hay que hablar con personas que no beben vino —consumidores de cerveza y cócteles, por ejemplo— para entender por qué prefieren otras bebidas antes que el vino, para comprender plenamente sus objeciones a beber vino, para desarrollar formas de eliminar cualquier barrera que impida la compra y para averiguar cómo atraerlos para modificar sus parámetros de elección. Así es cómo se obtiene información sobre nuevas áreas de ventaja competitiva.

Escuchar a las partes interesadas, tanto a las actuales como a las potenciales, te dará una nueva perspectiva de tu organización y de lo que ofreces. Al observar a tu organización desde fuera, puedes ajustar el posicionamiento de tu empresa en los aspectos más relevantes.

GRAHAM KENNY

Es director general de Strategic Factors, una consultora con sede en Sídney (Australia) especializada en planificación estratégica y medición del rendimiento, y es presidente de Reinvent Australia. Es autor de *Crack Strategy's Code: Build and Sustain Your Competitive Edge* y *Strategic Performance Measurement-Boost Your Organization's Performance-By Measuring It.*

Capítulo 9

Piensa a largo plazo en una economía cortoplacista

Ron Ashkenas

¿Te resulta extraño que los resultados de una empresa que anuncia un beneficio de 8.400 millones de dólares en un solo trimestre se califiquen como «decepcionantes»? ¿O que 5.700 millones de dólares sean datos «espantosos»? Pues, realmente, estos fueron los términos utilizados por los analistas para describir los resultados producidos por Exxon Mobil y Royal Dutch Shell tras la publicación de sus resultados del segundo trimestre en 2012.[1]

Casi todas las empresas que cotizan en bolsa reciben «evaluaciones cualitativas» por parte de los analistas durante la temporada de anuncios de beneficios, lo que influye en los inversores. Pero muy a menudo el peso de la opinión de Wall Street hace que los ejecutivos se centren en alcanzar los objetivos de beneficios a corto plazo, en lugar de crear valor a largo plazo. Y, aunque las estrategias de los ejecutivos no respondan a las expectativas a corto plazo, tienen que dedicar

---

Adaptado de «Thinking Long-Term in a Short-Term Economy» en hbr.org, 7 de agosto de 2012 (producto #H0097Q).

---

1 Clifford Krauss y Stanley Reed, «For Exxon Mobil and Shell, Earnings Fall with Energy Prices», *New York Times*, 26 de julio de 2012: cutt.ly/8A2CgvP.

mucho tiempo a explicar por qué los beneficios de un trimestre no cumplen las expectativas.

Por eso, a pesar de los sólidos y multimillonarios resultados de Exxon Mobil y Shell, los analistas los consideraron como «decepcionantes» y «espantosos» en comparación con los trimestres anteriores. Y utilizaron estos términos aun sabiendo que el sector se enfrentaba a la bajada de los precios del petróleo, a la mayor disponibilidad de gas natural, al descenso de la actividad económica y al aumento de los costes; factores todos ellos que escapan en gran medida al control inmediato de las empresas. Los analistas también afirmaron que, frente a ello, ambas empresas siguieron realizando inversiones a largo plazo y aun así obtuvieron miles de millones de dólares de beneficios. ¿Eso es algo «decepcionante»?

A diferencia de Exxon Mobil y Shell, muchas otras empresas acaban tomando decisiones —como el despido de personal o el pago excesivo por una absorción— para apaciguar las presiones de los beneficios trimestrales. De hecho, una de las formas más seguras de aumentar el precio de las acciones a corto plazo es anunciar un despido a gran escala.

Sin embargo, la realidad es que la mayoría de las organizaciones no pueden ser juzgadas trimestre a trimestre. Las estrategias tardan en desarrollarse y dar sus frutos, y los directivos necesitan tiempo para desarrollar sus propias capacidades y las de sus equipos. Sí, es importante conseguir resultados a corto plazo para probar nuevos enfoques y crear confianza, pero hay que situarlos en el contexto de la creación de valor a largo plazo. De lo contrario, corremos el riesgo de sacrificar nuestro futuro.

Pero ¿cómo mantener el enfoque en la creación de valor a largo plazo mientras los medios de comunicación y los mercados ejercen presión para que se haga todo lo contrario? He aquí algunas reflexiones; no solo para los directores generales, sino para todos los líderes:

En primer lugar, asegúrate de que tienes una «visión» estratégica dinámica y constantemente renovada de cómo será tu organización

—o departamento— y de los logros que alcanzarás dentro de tres o cinco años. No me refiero a un plan estratégico, sino a una imagen convincente de los cambios del mercado/producto, financieros, operativos y organizativos en los próximos años. Desarrolla esto con tus colaboradores directos —y con otras partes interesadas— y expón los puntos clave en un documento. Esto será un verdadero punto de referencia para orientar las decisiones clave.

En segundo lugar, asegúrate de que tus diversos proyectos e iniciativas tienen una línea de visión acorde con tu visión estratégica. Cuestiona cada potencial inversión de tiempo y esfuerzo preguntándote si te ayudará a acercarte a tu visión o si será una pieza fundamental para llegar allí. Esto te obligará a reequilibrar continuamente tu cartera de proyectos, eliminando los que probablemente no te hagan avanzar en la dirección correcta.

Por último, prepárate para recibir algunas críticas. Puede haber semanas, meses o trimestres en los que los resultados no crezcan o no se ajusten a tus expectativas —o a las de los analistas—. Sin embargo, el valor a largo plazo no se genera en línea recta. Mientras se esté avanzando constantemente hacia la visión estratégica en una línea de tiempo razonable es bastante probable que se estén haciendo las cosas bien. Y, claro, siempre se puede hacer más. Pero asegúrate de que estás haciendo las cosas por motivos justificados.

RON ASHKENAS

Es socio emérito de Schaffer Consulting, colaborador habitual de *Harvard Business Review* y autor o coautor de cuatro libros sobre transformación organizativa. Ha trabajado con cientos de directivos a lo largo de los años para ayudarlos a traducir la estrategia en acción. Es coautor de *Harvard Business Review Leader's Handbook* (Harvard Business Review Press, 2018).

Capítulo 10

El futuro nos preocupa.
El pensamiento creativo
puede ayudarte

Alan Iny y Luc de Brabandere

Tener una visión a largo plazo puede ser una tortura. En un esfuerzo por planificar un futuro que no podemos ver con claridad, buscamos formas de reducir la incertidumbre y el riesgo. Pero esto puede frenar el pensamiento libre que nos abre los ojos a nuevas posibilidades. En cambio, aprendemos a aceptar la incertidumbre —y a crear más oportunidades para nuestro equipo y nuestra organización— pensando de forma creativa.

Pensar en el futuro de forma creativa requiere tener cierta sensibilidad ante el complejo y cambiante mundo en el que vivimos, capacidad para anticiparse a las perturbaciones inesperadas y voluntad para replantearse constantemente las creencias y los supuestos más básicos. Para hacerlo bien, es necesario que sigas tres pautas a la hora de pensar en el futuro de tu organización.

Adaptado de «The Future Is Scary. Creative Thinking Can Help» en hbr.org, 18 de septiembre de 2013 (producto #H00DZG).

Entiende cómo piensa la gente

La forma en la que el cerebro está programado podría llevarte a aferrarte —a ti y a tus compañeros— a suposiciones y percepciones erróneas sobre tu organización. Las personas tenemos una predisposición natural a ratificar nuestras ideas y conceptos, en lugar de poner en tela de juicio nuestras creencias. Tales prejuicios pueden sabotear tu capacidad para pensar de forma creativa.

Un ejemplo clásico: Henry Ford insistió en que el Modelo T negro seguiría siendo atractivo para los consumidores. Incluso cuando otros fabricantes de automóviles ya habían creado nuevos modelos y colores, y sus colegas lo instaron a considerar la posibilidad de seguir nuevas direcciones, Ford no cambió de postura. Después de años de fantásticas innovaciones que contribuyeron a convertir el automóvil en un producto accesible al gran público, Ford era *prisionero* de sus prejuicios, de la tendencia al inmovilismo que lleva a las personas a tomar —o no tomar— nuevas decisiones validándolas desde sus experiencias anteriores.

Libera tu mente para que genere nuevas ideas: observa cómo estos y otros patrones cognitivos pueden estar dando forma a tus suposiciones clave y te impiden pensar de forma más creativa. Cuando pienses en el futuro de tu organización, pregúntate si «la forma en que hacemos las cosas aquí» sigue siendo la óptima, y anima a tus colegas a que hagan lo mismo. Fomenta una cultura que les permita cuestionarse constantemente las hipótesis y suposiciones que tienen sobre la organización, el sector en el que opera y el mundo en el que se desenvuelve.

Cuestiona las creencias básicas de tu organización

Pensar de forma creativa es cambiar la forma de ver algo; es decir, actualizar uno —o varios— de tus modelos mentales. Para empezar, profundiza en algunos de los modelos mentales más importantes que utilizas actualmente junto con tus colegas, para ello abre una «auditoría de creencias». Entrevista o encuesta a tus compañeros para conocer sus ideas sobre la situación actual de la organización. Plantéate las siguientes cuestiones:

- ¿Cuáles son algunos de los supuestos clave inherentes a tus actividades cotidianas, las «reglas» establecidas bajo las que tú, o tu organización, sueles operar? ¿Qué valores básicos se «sobreentienden»?

- ¿Cuáles son algunas de tus propias creencias sobre tu organización, y qué hace que esta funcione eficazmente en la actualidad? ¿A qué áreas dedica tu organización demasiado —o escaso— tiempo y recursos?

- ¿Cuál es el espacio competitivo de tu organización? ¿Hay formas de redistribuirlo?

- Si tu organización, o tú, no existiera, ¿qué cambiaría en el mundo? ¿Qué faltaría?

Estas preguntas son solo algunos ejemplos; deberías desarrollar otras en función de las necesidades actuales de tu organización.

Cuestionar la situación actual puede abrir caminos al pensamiento creativo. Por ejemplo, la aspiración original de Google era construir el mejor motor de búsqueda de la historia, y podría decirse que la organización lo consiguió. Pero, para entrar en una nueva era de crecimiento, los líderes de Google necesitaban percibir su empresa de forma diferente. Solo cuando desafiaron el supuesto que habían mantenido durante mucho tiempo de que «somos una empresa de motores de búsqueda» pudieron idear el concepto de «queremos saberlo todo»; lo que dio lugar a proyectos como Google Earth, Google Book Search y Google Labs, junto con otras mejoras de su legendario motor de búsqueda.

Utiliza el «pensamiento prospectivo» para tener en cuenta las principales tendencias y cambios

Adopta una visión amplia y a largo plazo. Mantente abierto a todas las posibilidades y muéstrate plenamente consciente de lo que ocurre tanto dentro como fuera de tu organización o de tu entorno inmediato.

Las tendencias, el tema que se trata con más detalle en el capítulo 7, pueden tener un gran impacto en tu negocio y proporcionar nuevas oportunidades para lograr ventajas competitivas. Las *megatendencias* —grandes cambios sociales, económicos, políticos, medioambientales o tecnológicos que pueden tener un gran impacto en una amplia gama de áreas— son una herramienta muy útil para generar nuevas posibilidades. Algunos ejemplos son el aumento de las fuentes de energía alternativas, el rápido desarrollo de mercados como el de Brasil o China, y la creciente conectividad móvil. Las megatendencias afectarán a tu empresa, tus clientes y tu competencia, así como a tu familia y tu comunidad.

Elabora una lista de asuntos que creas que van a transformarse durante un periodo de tiempo relativamente largo —por ejemplo, de cinco a diez años, aunque cada sector tendrá plazos más largos o más cortos—, asuntos que vayan a tener un impacto fuerte y de gran alcance, que abran una serie de respuestas estratégicas por tu parte. A continuación, revisa tu lista y pregúntate: «¿Qué tendencias marcarán las líneas clave para configurar el futuro de mi organización?». «¿Qué tendencias aparentemente irrelevantes podrían acabar siendo sorprendentemente críticas?».

Reflexiona sobre las muchas maneras en las que podrías aprovechar esas megatendencias para dar nuevas oportunidades a tu organización. Esfuérzate pensando en cuáles de esas tendencias ocasionarían más dificultades a tu organización a la hora de afrontarlas. ¿Hay tendencias delante de ti que aún no has abordado?

Pregúntate cómo podrían influir esas posibles tendencias en las nuevas ideas que quieres generar para el futuro. Por ejemplo, un cliente con el que trabajamos hace algunos años, que lideraba una importante cadena europea de grandes almacenes, afirmaba con rotundidad que su futuro estaba en China, para ello se basaba en las tendencias que destacaban el aumento del poder adquisitivo de la creciente clase media de ese país. Pero ni una sola persona del equipo directivo había oído hablar de Taobao, la plataforma similar a Amazon.com con sede en China, que estaba creciendo a un ritmo de dos dígitos, construyendo nuevos centros de distribución en todo el país y centrándose en las relaciones con los clientes y su fidelidad.

Pensar de forma creativa en el futuro no solo consiste en reunir los datos de las tendencias, sino en mantener la semilla de la duda plantada en el primer paso. De este modo, podrás examinar los datos —ya sean tendencias, estudios sobre los clientes o información sobre la competencia— de forma novedosa, para estar mejor preparado de cara a un futuro incierto. De hecho, mirar hacia delante de forma creativa significa aceptar la incertidumbre, en lugar de intentar acabar con ella.

ALAN INY

Es especialista global en creatividad empresarial en The Boston Consulting Group (BCG). Luc de Brabandere es asesor principal de la empresa. Son coautores de *Thinking in New Boxes: A New Paradigm for Business Creativity*.

Capítulo 11

Acércate, aléjate

Rosabeth Moss Kanter

Tras la explosión de una plataforma petrolífera de BP en el Golfo de México en abril de 2010, que causó la muerte de once personas y el mayor vertido de petróleo de la historia de Estados Unidos, el entonces consejero delegado de la empresa, Tony Hayward, se centró en las consecuencias que ello tendría en su carrera. Parecía preocupado por el impacto del incidente en la dirección de BP y, sobre todo, en él mismo. Aproximadamente una semana después de la explosión, se difundieron las palabras que Hayward repetía a los ejecutivos en su oficina de Londres: «¡Qué demonios hemos hecho para merecer esto!». A pesar del asesoramiento por parte del departamento de relaciones públicas, un mes después dijo a los periodistas: «Me gustaría recuperar mi vida».

En julio, Hayward se vio obligado a dimitir. Había tenido numerosas oportunidades para reconocer la situación real: la devastadora situación humana y la consternación pública en la región del Golfo. Pero, aunque BP envió a miles de ingenieros para contener el vertido, Hayward fue incapaz, ante la opinión pública, de ver más allá de tres palmos de sus narices: como si la crisis solo fuera su propio demonio

Reimpreso de «Managing Yourself: Zoom In, Zoom Out» en *Harvard Business Review*, marzo de 2011 (producto #R1103K).

personal. Una y otra vez, Hayward se centraba en los pequeños detalles; por ejemplo, trataba de echar la culpa al proveedor Transocean, que había dirigido la plataforma que explotó. Era como si su botón de zoom se hubiera atascado en el ajuste más cercano.

La lente a través de la cual los líderes ven el mundo puede ampliar —o disminuir— su capacidad para tomar unas buenas decisiones estratégicas, especialmente durante las crisis. Si disminuyes la visión acercándote, podrás ver muchos detalles, tal vez demasiado cerca para entenderlos. Si la amplías y te alejas, podrás ver el panorama general, pero tal vez te pierdas algunas sutilezas o matices.

Los botones de zoom de los dispositivos digitales nos permiten examinar las imágenes desde muchos puntos de vista. Son una metáfora muy apropiada para entender los modos de pensamiento estratégico. Algunas personas prefieren ver las cosas de cerca; otras, de lejos. Ambas perspectivas —vista de gusano y vista de pájaro— tienen sus pros y sus contras. Pero deben ser puntos de vista, no posiciones fijas. Los líderes necesitan múltiples perspectivas para obtener una imagen completa. Los líderes eficaces se acercan y se alejan.

He llegado a esta conclusión después de más de veinticinco años de observar cómo los líderes establecen una dirección estratégica, interactúan con los grupos de interés y responden a eventos inesperados. He trabajado con miles de ejecutivos y he realizado estudios sistemáticos sobre innovación, alianzas, cambios y transformaciones en cientos de organizaciones. He visto cómo las estructuras, los procesos y las culturas organizativas pueden dirigir la mirada de los líderes desde cerca o desde lejos, y cómo los niveles de análisis pueden convertirse en posiciones por defecto que limitan la eficacia.

El marco del zoom ofrece un modelo dinámico que puede ayudar a los líderes actuales y a los que aspiran a serlo a aumentar su propio rango de visión y a establecer condiciones que permitan el éxito de los demás. En este artículo, identificaré los comportamientos y los modos de decisión asociados con el acercamiento y los contrastaré con los del alejamiento. Analizaré las estructuras y las culturas que atrapan a las personas en posiciones disfuncionales por defecto, y concluiré con unas ideas sobre el desarrollo de capacidades para ajustar el zoom a todos los niveles.

Acercarse

Al aproximar la imagen, los detalles se ven con claridad. Las oportunidades se ven grandes y atractivas, aunque queden descontextualizadas.

Un director general al que llamaré «John Jones», que es propietario de una cadena de tiendas de tamaño medio creada por su padre, suele trabajar desde un plano muy cercano. Jones, un empresario clásico que combina su dinamismo con el conocimiento de la venta al por menor, amplió la cadena con gran éxito, pasando de dos a treinta establecimientos, gracias a la permanente búsqueda del siguiente y mejor emplazamiento, artículo de mercancía o mejora sobre el sitio web de la empresa. Sus descubrimientos se produjeron sobre todo gracias a sus contactos personales, más que al análisis. Jones menospreciaba los planes estratégicos y las teorías de gestión. Por ejemplo, retiró de su consejo asesor a un prestigioso banquero porque este le pedía planes —objetivos ordenados, con plazos— cuando Jones solo quería concentrarse en ideas operativas concretas y fáciles de aplicar.

Gracias a sus conocimientos del sector, a su amplia red de contactos y a su intuición, el zoom de acercamiento le sirvió a Jones durante una década. Pero, cuando la economía se agravó, su gran intuición resultó ser insuficiente. Los miembros de la familia y los empleados clave empezaron a cuestionar sus decisiones. Jones no tenía un plan de sucesión, nadie había sido preparado para el futuro. Realizaba las adquisiciones a su antojo o simplemente porque un propietario quería vender, y apenas pensaba en el coste, en si la adquisición era buena o en qué otras alternativas había en el horizonte. No tenía una teoría amplia sobre qué oportunidades perseguir ni un análisis del sector. Su reducida visión estaba limitando las perspectivas de crecimiento de su empresa.

Los directivos que tienen una perspectiva reducida buscan beneficios inmediatos y toman decisiones *ad hoc*. Suelen preferir las conversaciones individuales a las reuniones de grupo. Prefieren abordar los detalles siguiendo su intuición. Ante un problema buscan soluciones rápidas, en lugar de pararse a indagar cuáles son las causas subyacentes, las alternativas o las soluciones a largo plazo. Prefieren ponerse en contacto con algún conocido, en lugar de escuchar a algún experto. Estas tendencias se agravan en las organizaciones que restringen la información, premian los éxitos inmediatos y confinan a las personas en sus roles.

Un *zoom de corta distancia* se encuentra a menudo en entornos de relaciones muy intensas, donde el talento humano es el principal activo. Consideremos a otro ejecutivo, al que llamaré «Sam Lee». Dirigió una empresa de servicios profesionales de gran prestigio durante una década de crecimiento gradual. Lee, un líder afable, podía hablar de estrategias con los agentes externos, pero funcionaba mejor en los cara a cara. Le gustaba reunirse en su oficina, en lugar de discutir los temas en reuniones abiertas. Era siempre servicial con las peticiones individuales —incluidos los favores puntuales—. En otras palabras, le gustaba hacer excepciones en lugar de marcar directrices. Por ello, en su organización abundaba el favoritismo entre los miembros del personal: asignaciones presupuestarias fuera del calendario, privilegios de vacaciones, permisos sabáticos o prolongadas bajas por motivos familiares.

En una época de prosperidad con pocas amenazas externas, un enfoque personal puede resultar fructífero. Sin embargo, hacia el final del mandato de Lee, la empresa se encontró en un entorno cada vez más competitivo y con una mayor presión reguladora. Se hacía insostenible tratar cada situación como única. Incluso cuando se acumulaban las excepciones a las reglas no se abordaba la lógica de las decisiones tomadas. Los profesionales más jóvenes se preguntaban y se preocupaban por las normas y la equidad. En los pasillos cotilleaban sobre los favoritismos. La organización funcionaba con un sistema de patrocinio de créditos y débitos personales, con un mercado de favores que sustituía a la toma de decisiones basada en principios. La moral y la productividad disminuyeron, poniendo en peligro la reputación de la empresa y dificultando la atracción de los mejores talentos. Cuando Lee se jubiló, su sucesor se lanzó de inmediato a establecer unas cuantas prioridades estratégicas generales. Creó unas directrices formales claras que sustituyeran a las excepciones informales, y empezó a discutirlas abiertamente en reuniones abiertas.

Una de las trampas del zoom de acercamiento es que las políticas y los procedimientos se basan en normativas de carácter estrictamente personal. Las personas que practican este tipo de enfoque tienden a concentrarse exclusivamente en cuestiones personales, como si con ello se consiguiera que los demás actúen de la misma manera, lo que convierte las acciones de la organización en un intercambio de favores basado en relaciones especiales. Suelen resistirse al cambio porque altera el equilibrio social. A veces, ese enfoque personal es muy válido, porque la gente responde más rápido a individuos que conoce que a llamamientos abstractos. Pero el «hazlo por mí» es una base débil para tomar decisiones empresariales. También significa que los empleados no pueden reemplazarse fácilmente porque las funciones dentro de la organización son «propiedad» de personas concretas. Esto puede suponer que se anteponga el interés personal al de la organización.

Depender en gran medida del instinto personal y de los tratos interpersonales sin una perspectiva más amplia o un razonamiento a largo plazo puede resultar peligroso. Un enfoque demasiado personal también puede hacer que los directivos sean muy susceptibles ante los desaires, sean o reales. El director general de una empresa tecnológica, aunque era conocido como un gran estratega, seguía dejando que la perspectiva de proximidad impulsara algunas de sus decisiones. Se sintió personalmente ofendido por la forma en que una destacada revista lo había descrito, por lo que la empresa dejó de anunciarse en ella. Los empleados se lo tomaron como una advertencia para que se lo pensaran bien antes de proporcionarle información adversa. Otro caso es el de un directivo intermedio de otra empresa que revisaba los correos electrónicos para ver si lo trataban adecuadamente, y se quejaba inmediatamente si percibía cualquier indicio de ofensa. Su foco de atención en la forma más que en el contenido le costó un puesto mejor retribuido: no lo promocionaron, el ascenso se lo dieron a un directivo que tenía una visión más amplia.

La visión de corto alcance puede ofuscar el panorama general, y ello hace que a los directivos se les pasen por alto algunas cuestiones importantes. Las decisiones se basan en quién eres y a quién conoces, no en objetivos más amplios.

El zoom de acercamiento también puede conducir a la protección del territorio. El que un directivo utilice un argot específico revela que ha caído en esa trampa. Un director financiero de una división, por ejemplo, siempre utilizaba la primera persona cuando se refería a las cifras del presupuesto, como «tengo X dólares», aunque fuera dinero de la organización, e hizo caso omiso a las repetidas peticiones de otros miembros del grupo ejecutivo para que dejara de hablar así.

Personalizar no es lo mismo que la autorreflexión; de hecho, podría ser lo contrario. La autorreflexión es un proceso de aprendizaje que requiere una perspectiva distante sobre el propio comportamiento, en su contexto. La obsesión por el yo se ve reforzada por la proximidad, pero el conocimiento de uno mismo surge de ampliar la perspectiva.

Alejarse

El zoom de alejamiento es esencial para la toma de decisiones a gran escala. Cuando las personas se distancian, pueden trazar un mapa de todo el territorio antes de actuar. Ven los acontecimientos como ejemplos de patrones generales, y no como incidentes idiosincrásicos o personales. Sitúan cada cosa en su contexto y destacan los principios.

Akin Ongor, exdirector general del Garanti Bank, consiguió que pasara de ser un banco mediocre en Turquía a tener fama mundial porque habían establecido procesos que sustituían a los trabajadores de bajo rendimiento y mejoraban el talento. Cuando su anuncio de despidos provocó protestas sindicales e incluso amenazas de muerte, Ongor se negó a tomarse los ataques como algo personal o a entrar en batallas *ad hominem*. En vez de eso, acudió a los medios de comunicación y elevó el debate a los principios en los que se basaban las acciones tomadas por el banco. Al distanciarse, ayudó a sus empleados, al público y a los funcionarios del Gobierno a que vieran esos despidos en el contexto de una transición económica y como una medida que salvaría a una institución importante para que pudiera crear más puestos de trabajo en el futuro. Las protestas terminaron, y Ongor siguió liderando con éxito la transición del banco.

Mirar desde la distancia te ayuda a ver todo el mapa y a que puedas centrarte en principios más amplios. Pensemos en el director general de Procter & Gamble, Robert McDonald, que ascendió hasta dirigir una empresa pública mundial con una cultura muy arraigada. McDonald, incluso cuando busca los beneficios del momento, se pregunta constantemente qué apoyará la sostenibilidad de la empresa y qué mantendrá sus valores intactos. Sabe generalizar sobre las geografías y las líneas de negocio, al tiempo que aprecia las diferencias culturales. Es amable, pero no se toma los asuntos como algo personal, y a menudo repite que es el administrador de una institución que debe perdurar después de él.

Alejar la mirada es apropiado para los líderes de alto nivel. Pero también tiene sus trampas. Por un lado, es posible que los principales interesados quieran ver resultados inmediatos y saber que los detalles son correctos antes de apoyar sus ideas a largo plazo. Por eso, las visiones amplias deben ir acompañadas de pequeños logros que demuestren su viabilidad. Por otra parte, los líderes a los que les gusta mantener la distancia pueden operar tan por encima de la contienda que no ven las amenazas y las oportunidades emergentes —algo que, irónicamente, también resulta ser un peligro para los líderes cercanos—, o no reconocen la existencia de otras realidades más capaces de explicar los nuevos acontecimientos. Al alejarse para examinar todas las rutas posibles, pueden dejar de percibir el momento de actuar en un camino prometedor. Cuando el *zoom de largo alcance* hace que las carreteras establecidas parezcan demasiado buenas, los líderes pueden fallar a la hora de saltar a una carretera secundaria para sortear el tráfico.

Cuando la atención se centra en torno a las macrotendencias, las novedades emergentes pueden descartarse porque se perciben como demasiado insignificantes para prestarles atención. Los líderes pierden el sentido de que el panorama general también depende de un conjunto de circunstancias que pueden evolucionar. Pero a veces una novedad es una señal que anuncia un cambio embrionario. La película *La red social* presenta una versión ficticia de un momento emblemático en el que los hermanos Winklevoss, agraviados por el hecho de que su compañero Mark Zuckerberg había creado Facebook cuando supuestamente estaba trabajando en su empresa web, se reúnen con el presidente de la universidad —una versión disfrazada del entonces presidente de Harvard, Lawrence Summers—. En la película, el presidente desestima Facebook como otro proyecto universitario más de los estudiantes y les dice a los hermanos que se olviden y que emprendan otro proyecto, en lugar de perder su tiempo en algo tan trivial. Independientemente de que el incidente se trate de una mera ficción cinematográfica, en la vida real ese presidente estaba excesivamente centrado en importantes planes y objetivos a largo plazo y en mantener una amplia perspectiva de la institución. Su falta de atención a las interacciones más interpersonales acabó costándole el apoyo que tenía y su cargo.

A veces, los líderes necesitan un empujón para pararse a observar los detalles que podrían hacer tambalear sus teorías. Tomemos el ejemplo de un director ejecutivo al que llamaré «Herman Fry», quien dirigía una empresa científica que estaba empezando a utilizar la ingeniería genética en una cada vez mayor gama de productos. Fry ya había llevado un departamento a la fama mundial gracias a sus innovaciones, y era conocido como un brillante estratega y pensador de gran alcance, pero cuando escuchó las protestas que llegaban desde Europa contra los productos modificados genéticamente, inicialmente los ignoró como si fueran cuestiones focalizadas que no requerían un estudio o una respuesta. Cuando se enteró de que un cliente del Reino Unido estaba siendo presionado por el mismo tema, le llamó la atención, pero no lo suficiente; siguió diciendo que el asunto era un problema menor y no se tomó la molestia de profundizar en ello. Para cuando se le convenció de que reuniera más detalles, ya había comenzado una reacción mundial, y la empresa había perdido la oportunidad de tranquilizar a los clientes y contar su historia anticipándose a las protestas.

La preferencia por el zoom de largo alcance puede hacer que los líderes parezcan lejanos y distantes. Después de una campaña que incluyó tanto una retórica inspiradora como una movilización a pie de calle, el presidente Barack Obama se enfrentó a graves crisis nacionales. Se dedicó a abordar los grandes problemas sistémicos —como la crisis financiera— con políticas que, según sus asesores, impidieron una mayor regresión. Pero los críticos dijeron que no logró convencer a los estadounidenses de clase media de que estaba abordando sus problemas. Sus partidarios argumentaban que sus acciones, de naturaleza keynesiana, dejarían ver sus méritos a largo plazo; sin embargo, como señaló el propio John Maynard Keynes, a largo plazo todos estamos muertos. Uno de los problemas de quedarse en el extremo más lejano del teleobjetivo es que el panorama parece estático y se ven pocas rutas. Por ejemplo, puede parecer que todas las autopistas económicas pasan por la Reserva Federal y por los grandes bancos. Acercar el zoom y observar la situación tal y como se presentaba a las comunidades y a las familias podría haber ayudado a Obama a explicar que buscaba alternativas que llegaran directamente a más personas, como aumentar los préstamos a las pequeñas empresas en los bancos locales. En cambio, a pesar de sus muchos logros, los índices de popularidad de Obama cayeron en picado, y su partido perdió estrepitosamente en las elecciones de 2010.

Atascarse

Un fallo en el zoom puede significar la catástrofe. Como hemos visto, los problemas surgen cuando las personas se quedan atascadas en un extremo de la escala y son incapaces de moverse hacia el otro para obtener una perspectiva diferente.

La cuestión es si es posible crear equipos que equilibren las modalidades de cerca y de lejos. Tal vez. Lo que está claro es que si las personas no pueden modificar su perspectiva de vista de gusano o de vista de pájaro, a menudo se pasan de largo. Los que se acercan quieren volver a los detalles y regatear, frustrando a quienes quieren unas pautas y una estrategia. Los que se alejan pueden parecer teóricos y poco prácticos; o bien, los que se acercan no comprenden sus contextos y principios generales. Las posturas rígidas pueden obstaculizar las buenas decisiones.

Un enfoque limitado a cualquiera de las dos direcciones puede conducir a la *ceguera inducida*, un concepto atribuido al teórico social Thorstein Veblen. Independientemente de su potencial innato, si las personas dedican demasiado tiempo a tareas que solo utilizan una parte de su repertorio, la otra parte puede atrofiarse. El hecho de que sea difícil equilibrar el zoom de aproximación y alejamiento puede explicar una diferencia que se da entre los directivos según su sexo, y que fue descubierta por la profesora del INSEAD (Instituto Europeo de Administración de Negocios) Herminia Ibarra. Descubrió que las mujeres obtienen una alta puntuación en todos los aspectos del desempeño del liderazgo del «siglo XXI» —como la creación de relaciones, la colaboración y el trabajo en equipo—, excepto en lo relativo a la visión en perspectiva. Las relaciones se alimentan con el zoom de proximidad. La visión en perspectiva implica una alternativa panorámica. Esto puede derivar de la perniciosa visión estereotipada de que a los hombres se les deben confiar las decisiones de gran alcance, mientras que a las mujeres se les deben asignar tareas de cuidado. La propia naturaleza de las tareas de cuidado requiere acercarse para estar atento a los detalles, ya se trate de un niño o de un ejecutivo. Ampliar la perspectiva constituye también una necesidad para aquellos cuya suerte depende de estar en sintonía con el perfil y las preferencias de los que ostentan el poder. La repartición histórica de las responsabilidades en función del género, anima a los hombres a alejarse y a las mujeres a acercarse, con pocas oportunidades de adoptar otra perspectiva.

El zoom hacia ambas perspectivas

Los mejores líderes manejan el botón de zoom en ambas direcciones. Ante una crisis pueden abordar la situación inmediata al tiempo que buscan soluciones estructurales. Pueden acercarse para ver los problemas específicos y alejarse para buscar situaciones similares, causas fundamentales y principios o políticas que ayuden a evitar que una crisis se repita.

Daniel Vasella, presidente y exdirector general del gigante farmacéutico Novartis, era a la vez psiquiatra de formación —lo que le permitía acercarse al estado emocional de las personas que lo rodeaban— y un experto estratega en teoría del cambio industrial que le permitía planear las desinversiones, las adquisiciones y las reestructuraciones internas. Hizo hincapié en los valores personales y en las tendencias globales. Indra Nooyi, directora general de PepsiCo, combina una visión global de los principios que guían a la empresa, como la necesidad de transformación de las empresas de alimentación y bebidas para promover la salud, con la capacidad de profundizar en los detalles de las asignaciones presupuestarias de las líneas de negocio actuales. Nooyi ha creado nuevas funciones —como la de director científico— y nuevas estructuras —por ejemplo, el Grupo Global de

Nutrición, vinculado a la central de I+D— que ayudan a la organización, antes descentralizada, a tener una perspectiva global y a enfocar las diferencias locales.

Los líderes eficaces animan a los otros a expandir el rango focal de su teleobjetivo. Por ejemplo, P&G, al igual que la mayoría de las empresas del sector de bienes de consumo envasados, utiliza habitualmente los estudios de mercado por muestreo, que mapean los territorios mediante abstracciones estadísticas, una forma de ampliar la perspectiva. Aunque los directivos de P&G no ignoran esos datos, también envían a sus empleados a realizar trabajo de campo con familias para conocer sus necesidades y sus experiencias. En última instancia, los detalles de los comportamientos individuales en los hogares observados desde cerca influyen en las decisiones de inversión de P&G.

La función de zoom es algo más que una simple metáfora: puede ser una forma de que las personas amplíen sus capacidades mentales; por ejemplo, manejando gráficas, comparando perspectivas, explorando los problemas desde varios puntos de vista y creando planes de acción que reflejen el aprendizaje desde múltiples perspectivas. El Corporate Service Corps de IBM integra tanto las perspectivas grandes como las pequeñas en sus programas de desarrollo del liderazgo global. Envía a equipos multiculturales a misiones de un mes de duración en territorios desconocidos. Los miembros del equipo logran tener experiencia directa en la resolución de problemas específicos sobre el terreno, al tiempo que adquieren una amplia visión de otros países y culturas.

El ejemplo del zoom ofrece la posibilidad de entender mejor las diferentes perspectivas y de animar a la gente a que pasen al otro nivel: «Acerquémonos a ese problema», y «Vamos a alejarnos para ponerlo en perspectiva». Las listas de control basadas en el zoom pueden ayudar a las personas a dejar de personalizar en exceso, pues les harán recordar que deben elevarse unos cuantos niveles y así ser capaces de una mayor comprensión, o a dejar de generalizar en exceso, animándoles a centrarse más en situaciones concretas. Todo el mundo puede

TABLA 11-1

¿Estás atrapado en una perspectiva demasiado cercana?

Señales reveladoras	Preguntas que te ayudarán a ampliar el alcance
• Te sientes abrumado por innumerables detalles.	• ¿Cuál es el contexto? ¿Qué es lo más importante?
• Te tomas las cosas como algo personal, buscando primero el ángulo «yo».	• ¿Qué objetivo más amplio se persigue? ¿Qué está en juego para los otros?
• Intercambias favores esperando que otros «lo hagan por mí».	• ¿Por qué hay que apoyar esta tarea o misión?
• Haces excepciones o tratos especiales en función de circunstancias.	• ¿Se repetirán las circunstancias? ¿Qué políticas o contextos de decisión se podrían utilizar?
• Te lanzas a por cualquier oferta atractiva que surja.	• ¿Se ajusta a la meta o el destino? ¿Qué más puede haber en el horizonte?
• Tratas cada situación como única.	• ¿Existen otras situaciones similares? ¿Qué categorías o agrupaciones tienen sentido?

aplicar los principios del zoom a su propio trabajo formulando las preguntas adecuadas, como por ejemplo si una acción determinada cumple el objetivo general o si hay suficiente información para avanzar en una hipótesis concreta (consulta la tabla 11-1: «¿Estás atrapado en una perspectiva demasiado cercana»? y la tabla 11-2: «¿Estás atrapado en una perspectiva demasiado lejana?»).

La idea del zoom sugiere que no hemos de dividir el mundo en extremos: idiosincrásico o estructural, coyuntural o estratégico, emocional o contextual... No se trata de elegir una opción y descartar la otra, sino de aprender a moverse a través de un abanico de diferentes

TABLA 11-2

¿Estás atrapado en una perspectiva demasiado lejana?

Señales reveladoras	Preguntas que te ayudarán a reducir el alcance
• Descartas las desviaciones de los planes o modelos como si fueran demasiado pequeñas para ser importantes.	• ¿La desviación cuestiona el modelo? ¿Cómo se puede entender esa desviación?
• Te alejas de los problemas específicos para centrarte en la teoría general.	• ¿Qué acciones sugiere tu teoría para este problema concreto?
• Tienes que hacer un análisis completo o un gran estudio antes de determinar las acciones.	• ¿Hay suficiente información para proceder en este caso? ¿Cuáles son los costes del retraso?
• Siempre te mantienes en las vías principales establecidas.	• ¿Hay carreteras secundarias o atajos?
• Persigues un objetivo sin que te importen los costes humanos.	• ¿Cómo afecta esto a las personas que deben llevar a cabo la misión?
• Todo lo encajas en unas pocas categorías generales.	• ¿Cuáles son los detalles que hacen que las cosas sean diferentes? ¿Qué detalles son importantes?

enfoques. El talento político del presidente Bill Clinton era que podía «sentir nuestro dolor» mientras situaba los acontecimientos en un contexto histórico e internacional, acercándose y alejándose rápidamente en una misma conversación o discurso. Ese dinamismo es la esencia del gran pensamiento estratégico.

Saber ajustar el zoom puede ayudar a los líderes a responder a los acontecimientos antes de que se conviertan en crisis. Puede ayudarles a aprovechar las nuevas oportunidades mientras continúan operando con principios que construyen entidades sostenibles a largo plazo. Los líderes deben dejar espacio para ajustar el zoom.

Rosabeth Moss Kanter

Es profesora de la Harvard Business School y presidenta y directora de la Harvard Advanced Leadership Initiative. Su último libro es *MOVE: Putting America's Infrastructure Back in the Leadership*. Puedes seguirla en Facebook y Twitter @RosabethKanter.

Parte cuatro

Alinea las decisiones con los objetivos estratégicos

Capítulo 12

Reflexiona sobre tus acciones y tus decisiones

Liane Davey

Ser más estratégico no significa tomar decisiones que afecten a toda la organización o a la distribución de un limitado presupuesto. Solo requiere que sitúes incluso las decisiones más pequeñas en el contexto de los objetivos más amplios de la organización. Cultivar una relación que pueda proporcionar una información clave sobre un proveedor, un cliente o un competidor es altamente estratégico. Todo el mundo tiene la oportunidad de pensar de forma más estratégica.

Si consideran que no eres un pensador estratégico, supongo que es porque estás demasiado ocupado. Entre reuniones, emails, llamadas telefónicas y otras exigencias inmediatas, a menudo no queda casi tiempo para el trabajo que conlleva hacer una reflexión profunda. El resultado son decisiones que se basan más en lo *instintivo* que en la *reflexión*. El riesgo de estas decisiones automáticas e instintivas es que tienden a basarse en algo que ha funcionado antes. Eso estaría bien si nuestro mundo fuera estático, pero no lo es. Tu sector, tus competidores y tus clientes están cambiando a un ritmo sin precedentes.

Adaptado de «Strengthen Your Strategic Thinking Muscles» en hbr.org, 21 de enero de 2014 (producto #H00MVH).

Hacer lo que siempre se ha hecho puede ser tan arriesgado —o más— que probar una perspectiva nueva y todavía por experimentar.

En este contexto, es muy importante pararte a reflexionar antes de tomar decisiones: ¿De qué se trata? ¿Quién está implicado? ¿Qué está en juego? *¿Qué oportunidad se presenta y qué riesgos entraña?* Lo que en un principio parece una gran oportunidad puede conllevar un riesgo importante, y lo que en un principio parecía muy arriesgado puede conllevar una gran oportunidad.

Tu otra respuesta a tu convulsa vida puede ser la de elaborar una lista de cosas que hay que hacer, agachar la cabeza y limitarte a hacer esas cosas. Pero un enfoque demasiado limitado restringe tu oportunidad de ser estratégico. Las personas estratégicas conectan las ideas con los planes y las personas que otros no ven. Considera este ejemplo: un alto ejecutivo bancario estaba buscando un nuevo proveedor de tecnología para las operaciones en el Caribe cuando se enteró de que otro departamento estaba trabajando en elaborar unas nuevas normas de atención al cliente. Su reacción por defecto habría sido seguir adelante con su necesidad particular. Pero eso hubiese supuesto una oportunidad perdida que permitiría vincular los requisitos del sistema con las nuevas normas relativas al servicio de atención al público, consiguiendo así establecer mejores protocolos para las interacciones con los clientes a la vez que datos más eficientes y eficaces disponibles en tiempo real.

Recuerda que las relaciones también son estratégicas. Ese ejecutivo pidió al nuevo proveedor de tecnología que le presentara a otros clientes que ya habían implantado sus nuevos sistemas. Eso le dio la oportunidad de hacer preguntas sobre el proveedor y sobre cómo optimizar el contrato y la relación.

Las personas estratégicas ven el mundo como una red de ideas y personas interconectadas, y encuentran oportunidades para promover sus intereses en esos puntos de conexión.

Pero una persona que *reflexiona* sobre las situaciones y conecta ideas con personas sigue teniendo un problema: ¡No es posible hacerlo todo! Las posibilidades son ilimitadas; el tiempo, el dinero y los recursos no lo son. Esto requiere capacidad y voluntad para hacer elecciones, decidir lo que se va a hacer y lo que no. Cerrar una puerta para abrir otra requiere el valor de actuar —por lo que más tarde se te podría culpar— y la confianza de abandonar una alternativa —que podría ser una oportunidad perdida—. Es en el punto de elección donde se pone a prueba la capacidad estratégica. Elegir no está exento de riesgos, pero el riesgo de no elegir —de repartir los recursos limitados entre demasiadas opciones— es mayor. Se te considerará más estratégico si pasas a la acción y corriges el rumbo que si optas por estancarte porque te quedas de brazos cruzados o porque intentas hacerlo todo.

Para ser más estratégico no has de sacarte un nuevo título, ni disponer de más control o mayor presupuesto; solo tienes que ser más reflexivo en tus pensamientos y tus acciones. Si inviertes tiempo y energía en reflexionar sobre las situaciones y las decisiones a las que te enfrentas, si encuentras formas de conectar ideas con personas que nunca antes habías vinculado y si tienes el valor de decidir lo que vas a hacer y lo que no, aumentará en gran medida tu contribución estratégica.

Liane Davey

Es la cofundadora de 3COze Inc. Es autora de *You First: Inspire Your Team to Grow Up, Get Along, and Get Stuff Done* y coautora de *Leadership Solutions: The Pathway to Bridge the Leadership Gap*. Puedes seguirla en Twitter @LianeDavey.

Capítulo 13

Siete pasos para decidir más rápido y mejor

Erik Larson

Los directivos toman unos tres mil millones de decisiones al año, y casi todas ellas pueden mejorarse. Lo que está en juego es real: las decisiones son la herramienta más poderosa que tienen los directivos para hacer las cosas. Mientras que una estrategia como la de establecer objetivos supone una expectativa, la toma de decisiones impulsa a la acción. La gente suele hacer lo que decide hacer.

La buena noticia es que hay maneras de tomar mejores decisiones de forma sistemática utilizando prácticas y tecnologías basadas en la economía del comportamiento. En un estudio de tres meses con cien directivos, mi equipo y yo descubrimos que los directivos que tomaban decisiones aplicando las mejores prácticas lograban los resultados esperados el 90% de las veces, y el 40% de ellos superaban las expectativas.

Pero, aunque hay múltiples prácticas que son efectivas para mejorar la toma de decisiones, muchas organizaciones no las están aplicando. En un estudio realizado con quinientos directivos y ejecutivos, descubrimos que solo el 2% aplica regularmente las mejores prácticas

Adaptado de «A Checklist for Making Faster, Better Decisions» en hbr.org, 7 de marzo de 2016 (producto #H02PR2).

a la hora de tomar decisiones, y pocas empresas cuentan con sistemas para medir y mejorar la toma de decisiones a lo largo del tiempo.

Hay tres razones por las que existe este desfase entre el potencial y la práctica:

- **Historia.** Durante mucho tiempo, la toma de decisiones en las empresas ha sido más un arte que una ciencia. En parte, esto se debe a que hasta hace poco la mayoría de los directivos tenían, relativamente, un escaso acceso a información precisa. Hay pocas herramientas para decidir que se utilicen de forma sistemática; la lista de pros y contras, popularizada por Benjamin Franklin, es probablemente la más común, y tiene casi doscientos cincuenta años. Además, se da la desafortunada circunstancia de que la economía del siglo xx se basaba en la teoría de que las personas toman decisiones racionales cuando se les proporciona la información adecuada; una teoría que ha demostrado ser entre irregular y completamente errónea, gracias a la revolución de la economía del comportamiento, dirigida por el Premio Nobel Daniel Kahneman.

- **Psicología.** Somos previsiblemente irracionales. Los economistas conductuales han descubierto una serie de atajos mentales y sesgos cognitivos que distorsionan nuestras percepciones y nos ocultan las mejores opciones. La mayoría de las decisiones empresariales se toman en equipo, lo que significa que el pensamiento de grupo y el consenso contribuyen a agravar nuestros prejuicios individuales. Además, la mayoría de las decisiones empresariales se toman bajo el estrés de una gran incertidumbre, por lo que a menudo confiamos en las corazonadas y la intuición para reducir nuestro malestar mental.

- **Tecnología.** El software empresarial ha automatizado muchas tareas de gestión en los últimos cuarenta años. Este cambio ha sentado las bases para una toma de decisiones mejor, pero queda trabajo por hacer. La economía conductual demuestra que proporcionar información más compleja y ambigua no ayuda a los directivos y a sus equipos con los principales retos que deben superar para tomar las mejores decisiones.

Entonces, ¿qué se puede hacer?

A través de nuestro trabajo y experimentos con miles de personas que toman decisiones, mi equipo y yo descubrimos que el programa de toma de decisiones más exitoso se reduce a una simple lista de verificación. Pero no basta con conocer los elementos de la lista. Esta lista debe ser eficaz, ya que nuestros prejuicios no desaparecen solo porque sepamos que están ahí.

Cada vez que te enfrentes a una decisión, sigue estos pasos como una herramienta para contrarrestar tus prejuicios:

1. **Anota cinco objetivos o prioridades preestablecidos de la empresa a los que afectará la decisión.** Centrarte en lo que es importante te ayudará a no caer en la trampa de la racionalización: en desarrollar las razones de tus elecciones *a posteriori*.

2. **Escribe al menos tres, aunque lo ideal son cuatro o más, alternativas realistas.** Quizá para ello tengas que invertir bastante esfuerzo y creatividad, pero ampliar tus opciones es la práctica más eficaz para tomar mejores decisiones.

3. **Anota la información más importante que te falta.** Corremos el riesgo de ignorar aquello que no sabemos porque nos concentramos en lo que sí sabemos; sobre todo en las empresas actuales, ricas en información.

4. **Escribe el impacto que tu decisión tendrá dentro de un año.** Hacer un breve resumen del resultado esperado de tu

elección te ayudará a identificar escenarios similares que puedan ofrecer una perspectiva útil.

5. **Implica a un equipo de al menos dos personas interesadas, pero de no más de seis.** Conseguir más puntos de vista reduce el sesgo y aumenta la participación, pero los grupos más grandes tienen rendimientos decrecientes. Según un estudio realizado por Marcia Blenko, Michael Mankins y Paul Rogers, de Bain & Company, una vez que en el grupo participan más de seis personas, cada miembro adicional reduce la eficacia de las decisiones en un 10%.[1]

6. **Escribe qué se ha decidido, y también el motivo y el grado de apoyo a la decisión del equipo.** Anotar estos datos aumenta el compromiso y establece una base para medir los resultados de la decisión tomada.

7. **Programa un seguimiento de la decisión tomada para dentro de uno o dos meses.** A menudo, nos olvidamos de hacer un seguimiento cuando las decisiones no funcionan bien, y perdemos la oportunidad de corregirlas y aprender de lo ocurrido.

Nuestra investigación ha evidenciado que los directivos que siguen regularmente estos siete pasos ahorran una media de diez horas de discusión, deciden diez días más rápido y mejoran los resultados de sus decisiones en un 20%.

Para gestionar el rendimiento de las decisiones, es necesario tener un enfoque nuevo y más amplio, que sustituya a la histórica teoría de la elección racional. Has de reconocer que nuestra psicología a

---

1 Marcia W. Blenko, Michael C. Mankins y Paul Rogers, *Decide and Deliver* (Boston: Harvard Business Review Press, 2010).

menudo nos lleva por el mal camino. Y has de utilizar herramientas sencillas y fáciles de usar, como esta, diseñadas para tener una gran repercusión en la forma en que los directivos y los equipos toman sus decisiones.

Erik Larson

Es fundador y director general de Cloverpop, una solución en la nube que aplica la economía del comportamiento y la colaboración para ayudar a los empresarios a tomar mejores decisiones juntos. Se graduó en el MIT y en la Escuela de Negocios de Harvard, fue condecorado por las Fuerzas Aéreas de Estados Unidos y es un experimentado ejecutivo de tecnología con sede en San Francisco.

Capítulo 14

Cómo tomar mejores decisiones disponiendo de menos datos

Tanya Menon y Leigh Thompson

María, una ejecutiva de servicios financieros, se quedó mirando otra convocatoria en el calendario de su Outlook, que con toda seguridad le ocuparía tres horas de su día. Cada vez que surgía un problema difícil, la instintiva respuesta de su jefe era: «¡Recoge más datos!». María valoraba que su jefe se centrara en los datos, pero a medida que las encuestas, los informes y las estadísticas empezaban a acumularse, el equipo siempre se quedaba paralizado en el análisis. Y, a pesar de múltiples reuniones, grupos de trabajo, sesiones de lluvia de ideas y talleres creados para resolver cualquier problema, el equipo solía presentar las mismas soluciones, a menudo recicladas de problemas anteriores.

Como parte de la investigación para nuestro libro *Stop Spending, Start Managing*, preguntamos a ochenta y tres ejecutivos cuánto estimaban que sus empresas desperdiciaban diariamente en constantes análisis. Nos respondieron la friolera de 7.731 dólares al día; ¡es decir, 2.822.117 dólares al año! Sin embargo, a pesar de tener tantos datos disponibles, a menudo tienen dificultades al convertirlos en soluciones efectivas para sus problemas. En lugar de ello, caen en lo

Adaptado de «How to Make Better Decisions with Less Data» en hbr.org, 7 de noviembre de 2016 (producto #H038UJ).

que James G. March, profesor de la Universidad de Stanford, y sus coautores describen como la toma de decisiones desde el «cubo de la basura»: un proceso en el que los implicados, los problemas y las posibles soluciones se arremolinan en un metafórico cubo de la basura y la gente acaba poniéndose de acuerdo en cualquier solución que salga a la superficie.[1] El problema no es la falta de datos dentro del cubo de la basura: la gran cantidad de datos hace que los directivos tengan dificultades para priorizar sobre cuáles son importantes. Por lo tanto, acaban aplicando datos arbitrarios a nuevos problemas, llegando a una solución deficiente.

Para frenar la toma de decisiones desde el cubo de la basura, los directivos tienen que pensar más estratégicamente sobre qué información necesitan para resolver un problema y cómo debe aplicarse en su toma de decisiones y sus acciones. Recomendamos el enfoque «dieta de datos», que muestra cuatro pasos de pensamiento intencional para ayudar a convertir los datos en conocimiento y sabiduría.

Paso 1: Definición

Cuando los equipos y las personas se plantean un problema, es probable que se lancen a sugerir posibles soluciones. De hecho, muchas sesiones de lluvia de ideas comienzan así. Pero, aunque la perspectiva de «resolver problemas» suene positiva, la gente tiende a aferrarse a los enfoques conocidos, en lugar de dar un paso atrás para comprender el perfil del problema.

En vez de eso, comienza con una *mentalidad de búsqueda de problemas*, en la que se reduzcan las definiciones en torno al problema y se permita a la gente que lo observen desde diferentes ángulos, para que así salgan a la luz los supuestos ocultos y surjan nuevas preguntas

---

1   Michael D. Cohen, James G. March y Johan P. Olsen, «A Garbage Can Model of Organizational Choice», *Administrative Science Quarterly* 17, n.º 1 (marzo de 1972), 1-25.

antes de que iniciar la búsqueda de datos.[2] Con tu equipo, piensa en preguntas críticas sobre el problema para comprender plenamente su complejidad: ¿Cómo se entiende el problema? ¿Cuáles son sus causas? ¿Qué suposiciones tiene tu equipo? O bien, escribe sobre el problema —sin proponer soluciones— desde diferentes perspectivas —por ejemplo, la del cliente, el proveedor o el competidor— para ver la situación de nuevas maneras.

Una vez que tengas una visión del problema más ajustada, podrás avanzar con una búsqueda disciplinada de datos. Evita retrasos en la toma de decisiones haciendo que las solicitudes de datos respondan a las afirmaciones «si… entonces…». Hazte una pregunta sencilla: *Si recojo los datos, ¿cómo cambiaría mi decisión?* Si los datos afectan a tu decisión, no necesitas buscar información adicional.

Paso 2: Integración

Una vez definido el problema y sabiendo qué datos son necesarios, esa información se ha de utilizar de forma eficaz. En el ejemplo anterior, María se sentía frustrada porque, a medida que el equipo reunía más y más piezas del rompecabezas, no invertía la misma cantidad de tiempo en ver cómo encajaban las piezas. Sus creencias o sus suposiciones subconscientes sobre los problemas dirigían su comportamiento, por lo que seguían en la misma rutina, cansina, una y otra vez: recopilar datos, celebrar reuniones y crear una estrategia para avanzar. Esto es una toma de decisiones desde el cubo de basura. Para evitar que las piezas encajen de forma arbitraria, hay que mirar los datos de otra forma.

En el tipo de enfoque que recomendamos, primero se descompone el problema y luego se sintetiza, juntando las piezas de nuevo. Una

---

2 J. W. Getzels, «Problem-Finding and the Inventiveness of Solutions», *Journal of Creative Behavior* 9, n.º 1 (marzo de 1975), 12-18.

técnica que puedes utilizar con tu equipo para integrar los distintos elementos del problema es el diagrama KJ (llamado así por su creador, Kawakita Jiro). El objetivo es ordenar los hechos específicos y los datos relevantes en relaciones causales. Escribe los hechos en tarjetas y luego clasifícalos en grupos en función de las relaciones observables; por ejemplo, un aumento de clientes tras una iniciativa exitosa, una caída de las ventas causada por un proyecto retrasado o cualquier otro dato importante que pueda indicar elementos correlacionados o relaciones causales. Al hacer esto, puedes crear un modelo visual de los patrones que surgen y establecer conexiones en los datos.

Paso 3: Exploración

En este punto del proceso, es posible que tengas algunas ideas o soluciones iniciales basadas en tus diagramas KJ. Ahora es el momento de desarrollarlas. Para facilitar la exploración colaborativa, uno de nuestros ejercicios favoritos es lo que llamamos el «juego de los pases»: asigna ideas distintas a cada miembro del equipo y dale a cada individuo cinco minutos para desarrollarlas, dibujando o escribiendo en silencio. A continuación, pídeles que pasen su trabajo a un compañero del equipo, que seguirá redactando la idea mientras ellos se encargan de la iniciativa de otro compañero.

Después, hay que debatir sobre el resultado de la colaboración. Los compañeros del equipo reconocen lo que se siente al renunciar a la «propiedad» de una idea y lo que se siente al editar y ser editado; también reconocen sus suposiciones implícitas sobre la colaboración. La nueva perspectiva les obliga a enfrentarse a enfoques que no han elegido o que nunca habrían considerado. También puedes añadir múltiples pases secuenciales —como un juego de teléfono— para demostrar la evolución imprevisible de una idea mientras tres o cuatro compañeros juegan con ella. Tras haber dado a los participantes este espacio de exploración, debatid sobre los enfoques más fructíferos.

Paso 4: Verificación

El último paso requiere que los miembros del equipo utilicen su capacidad de pensamiento crítico para considerar la viabilidad y corregir los excesos. Diseña pruebas para ver si tu plan para avanzar funcionará. ¿En qué tipo de situaciones fallará la solución elegida? Selecciona unas cuantas pruebas críticas y ejecútalas. Mientras que la gente suele recopilar en mayor medida los datos que avalan sus creencias previas —tendencia conocida como «sesgo de información»—, por el contrario, subestima los datos que no las apoyan. Si ejecutas, incluso, una sola prueba que frene este sesgo, podrás ver aquello que necesitas ver, aunque no quieras hacerlo.

En lugar de ignorar los datos por completo o sobrecargarte con ellos, piensa estratégicamente en qué datos necesitas. Esto implica hacer más con menos: ampliar, profundizar, integrar, extender y verificar los datos que tienes para convertirlos en conocimiento y sabiduría. Si vas practicando los ejercicios mentales que hemos descrito con tu equipo, puedes frenar tu avidez de datos al tiempo que mejoras como utilizar los que tienes.

Tanya Menon

Es profesora asociada de Gestión y Recursos Humanos en la Fisher College of Business de la Universidad Estatal de Ohio. Leigh Thompson es profesor de Resolución de Conflictos y Organizaciones en la Kellogg School of Management y autor de *Creative Conspiracy: The New Rules of Breakthrough Collaboration* (Harvard Business Review Press, 2013). Son coautores de *Stop Spending, Start Managing: Strategies to Transform Wasteful Habits* (Harvard Business Review Press, 2016).

Parte cinco

Establece prioridades
y gestiona los *trade-off*

Capítulo 15

Una mejor manera de establecer las prioridades estratégicas

Derek Lidow

Los líderes inteligentes entienden que para realizar su trabajo han de identificar los *trade-offs*, decidiendo tanto lo que *no se debe hacer* como lo que *se debe hacer*. Determinar la importancia de las distintas iniciativas en un entorno de recursos escasos es una prueba primordial de liderazgo.

Para hacer frente a este reto, los líderes suelen recurrir a establecer un orden entre sus prioridades; es natural y fácil hacer una lista. Sin embargo, cuando trabajo con los líderes en la crucial tarea de establecer prioridades, les indico que no deben ordenarlas. Puede ser tremendamente desmotivador para los directivos que ya tengan establecido un rango, además de ser una fuente de disensiones y guerras territoriales entre los miembros del equipo.

Una mejor manera de establecer prioridades es dejar de lado el orden de clasificación y volver a los principios básicos. Hay tres variables interdependientes que son esenciales para ejecutar cualquier iniciativa: los objetivos, los recursos y el calendario. No se puede

Adaptado de «A Better Way to Set Strategic Priorities» en hbr.org, 13 de febrero de 2017 (producto #H03FAI).

producir el efecto deseado de un proyecto sin unos objetivos precisos, unos recursos suficientes y un calendario razonable. Si se presiona o se tira de un vértice de este triángulo, hay que ajustar los otros.

Las tres variables son fundamentales, pero los recursos son lo más importante. Los recursos permiten alcanzar un objetivo en un tiempo determinado; sin los medios necesarios, una iniciativa es pura fantasía. Cuando un líder ha decidido qué recursos se asignarán para lograr unos objetivos concretos y en qué plazos, ya no es necesario establecer una clasificación. El líder tendrá que considerar tres tipos de prioridades: críticas, importantes y deseables.

Tres tipos de prioridades estratégicas

Una prioridad *crítica* es un objetivo que debe cumplirse con éxito en un plazo de tiempo determinado, pase lo que pase. Por ejemplo, puede ser crítico que una empresa consiga un nuevo pedido —que se adjudicará en una fecha determinada— de un cliente importante, o que consiga que una fábrica esté totalmente operativa en un día determinado. Si el objetivo de conseguir ese pedido ha sido establecido y el plazo no es negociable, el único elemento que se puede manipular son los recursos: dinero, personas y equipos. Si un líder es honesto en cuanto a la prioridad, entonces debe poner a disposición del director del proyecto todos los recursos solicitados. Aunque los dirigentes no se den cuenta, declarar un proyecto como «crítico» implica que debe ir acompañado de un cheque en blanco *de facto*, que permita al gestor recurrir a todos los demás recursos disponibles en la organización. Y todas las prioridades críticas son, por definición, iguales dentro de su categoría.

Una prioridad *importante*, en cambio, representa una iniciativa que puede tener un impacto positivo significativo como resultado. Para estas iniciativas, los recursos son fijos, y la variable es el tiempo e incluso el objetivo. Por ejemplo, una organización puede tener un objetivo previsto, pero fijar los recursos que considera que puede invertir en un plazo determinado. Un líder podría decir: «Vamos a asignar a Miguel y a Aisha para este proyecto a tiempo completo durante el próximo trimestre». La organización, si funciona de forma racional, debería estar dispuesta a aceptar cualquier mejora que pueda obtener de esa inversión. Por otro lado, una organización puede declarar que invertirá una cantidad específica de recursos durante el tiempo necesario para alcanzar un objetivo: «Vamos a asignar a Miguel y a Aisha para la instalación del nuevo software, cueste el tiempo que cueste». Una prioridad importante implica que la organización sea comprensiva cuando el objetivo es variable, y paciente cuando el tiempo puede variar.

Una prioridad *deseable* es un esfuerzo en el que los recursos y el tiempo son variables. La organización desea un resultado, pero en ningún caso puede comprometer ciertos recursos durante un periodo de tiempo determinado: «Siempre que Miguel y Aisha no sean requeridos para el lanzamiento de nuestro producto crítico, trabajarán en la instalación de la actualización del nuevo software». Solo se avanzará cuando se disponga de recursos disponibles.

Dado que los recursos se asignan a todas las prioridades críticas e importantes, los posibles recursos de «cheque en blanco» que pueden ser necesarios para alcanzar un proyecto crítico deben proceder de las tareas deseables. No se puede establecer en conciencia una prioridad crítica a menos que también se designen proyectos deseables, desde los que se transferirán inmediatamente recursos al objetivo crítico cuando sea necesario.

Asignación de recursos y planificación de prioridades

Una vez que hayas identificado qué proyectos son críticos, importantes o deseables, puedes empezar a identificar los objetivos, los recursos y el tiempo adecuados para cada uno de ellos. Utiliza el siguiente proceso de cuatro pasos, que también se ilustra en la figura 15-1.

Paso 1. Enumera en una columna los recursos disponibles para todos los proyectos propuestos: personas, dinero, elementos específicos como un autobús destinado a la promoción de productos. Por ejemplo, puedes tener 10 vendedores en la costa este, 7 en la costa oeste, 4 en el medio oeste y 3 en el sur; un presupuesto para viajes de 10.000 dólares y un vehículo de promoción.

Paso 2. Enumera en la fila superior los proyectos, las mejoras o las iniciativas que deseas llevar a cabo con esos recursos y con las limitaciones de tiempo existentes. Por ejemplo, podrías escribir: «Renovar clientes en las cuatro regiones; conseguir un contrato con IBM para cuando se inaugure la nueva planta el 1 de marzo; conseguir que Salesforce.com llegue a todas las regiones, pero con un calendario escalonado».

Paso 3. Indica en la celda correspondiente cómo se asignarían los recursos disponibles en un escenario en el que todo se desarrolla como se espera. Por ejemplo, tres vendedores en cada región podrían dedicarse a renovar los contratos con los clientes; mientras que siete vendedores, el vehículo promocional y la mitad del presupuesto para viajes podrían dedicarse a conseguir el contrato con IBM.

Paso 4. Define qué proyectos, uno o dos, son críticos; y elige qué recursos adicionales de la matriz pueden destinarse a los objetivos críticos: cuándo y si es necesario. (Si has definido más de un proyecto como críticos, debes tener en cuenta que no pueden depender potencialmente del mismo conjunto de recursos disponibles). Por ejemplo, si el contrato con IBM es crítico, deberás preguntar al responsable del proyecto —en este caso, a tu vendedor principal de IBM— qué recursos adicionales serían necesarios si las cosas se pusieran difíciles, y de dónde se sacarían. Esto podría incluir algunos de los recursos tecnológicos de la implementación de Salesforce en la costa este; lo que significa que el esfuerzo de Salesforce se clasificará ahora como deseable y que no se puede esperar que el personal cumpla el objetivo en un momento determinado. Los proyectos que no son críticos, pero que no están disponibles para proporcionar, potencialmente, recursos a un proyecto crítico entran ahora en la categoría de importantes, donde el tiempo o el objetivo son flexibles.

A medida que se enumeran los proyectos y los recursos, y que el grupo determina la mejor manera de asignar los recursos y el tiempo entre las posibles iniciativas, esta matriz se convierte en un documento estratégico. A medida que se completan los proyectos, los líderes pueden volver a revisar el proceso para reasignar los recursos que se han liberado. También pueden reasignar recursos si se produce una crisis que, por definición, crea una prioridad crítica. Lo mismo ocurre con un cambio de estrategia.

FIGURA 15-1

Ejemplo de hoja de cálculo para las prioridades estratégicas

Paso 1: Enumerar los recursos

Ventas en la costa este (10 personas)					
Ventas en la costa oeste (7 personas)					
Ventas en el medio oeste (4 personas)					
Ventas en el sur de EE. UU. (3 personas)					
Viajes (10.000 $)					
Vehículo de promoción					
Recursos tecnológicos (6 personas)					

Paso 2: Añadir proyectos, mejoras o iniciativas

	Renovar todos los clientes	Conseguir el contrato con IBM antes del 1 de marzo	**Este** Instalar Salesforce antes del 1 de marzo	**Oeste** Instalar Salesforce antes del…	**Medio Oeste** Instalar Salesforce antes del…	**Sur** Instalar Salesforce antes del…
Ventas en la costa este (10 personas)						
Ventas en la costa oeste (7 personas)						
Ventas en el medio oeste (4 personas)						
Ventas en el sur de EE. UU. (3 personas)						
Viajes (10.000 $)						
Vehículo de promoción						
Recursos tecnológicos (6 personas)						

Paso 3: Asignar recursos

	Renovar todos los clientes	Conseguir el contrato con IBM antes del 1 de marzo	**Este** Instalar Salesforce antes del 1 de marzo	**Oeste** Instalar Salesforce antes del…	**Medio Oeste** Instalar Salesforce antes del…	**Sur** Instalar Salesforce antes del…
Ventas en la costa este (10 personas)	3 personas	7 personas				
Ventas en la costa oeste (7 personas)	3 personas	4 personas				
Ventas en el medio oeste (4 personas)	3 personas	1 persona				
Ventas en el sur de EE. UU. (3 personas)	3 personas					
Viajes (10.000 $)	5.000 $	5.000 $				
Vehículo de promoción		X				
Recursos tecnológicos (6 personas)			6 personas			

Paso 4: Seleccionar uno o dos proyectos críticos

	Renovar todos los clientes	Conseguir el contrato con IBM antes del 1 de marzo	**Este** Instalar Salesforce antes del 1 de marzo	**Oeste** Instalar Salesforce antes del…	**Medio Oeste** Instalar Salesforce antes del…	**Sur** Instalar Salesforce antes del…
Ventas en la costa este (10 personas)	3 personas	7 personas				
Ventas en la costa oeste (7 personas)	3 personas	4 personas				
Ventas en el medio oeste (4 personas)	3 personas	1 persona				
Ventas en el sur de EE. UU. (3 personas)	3 personas					
Viajes (10.000 $)	5.000 $	5.000 $				
Vehículo de promoción		X		.		
Recursos tecnológicos (6 personas)			6 personas			

La asignación transparente de los recursos y la planificación de las respuestas a los cambios de condiciones alinean al equipo y evitan las disensiones. Los directivos ya no sienten que ceder recursos reduzca su estatus. Desempeñan un papel esencial en la ejecución de una prioridad crítica y se contentan con regirse por la lógica justa e inexorable del establecimiento de prioridades realistas, en lugar de en una ordenación de rangos que no encaja bien.

DEREK LIDOW

Es profesor de Emprendimiento, Innovación y Creatividad en Princeton. Fue fundador y exdirector general de iSuppli Corporation y es autor de *Startup Leadership*. Su libro más reciente es *Building on Bedrock*. Puedes seguirlo en Twitter @ DerekLidow.

Capítulo 16

Cómo priorizar cuando tu jefe no se implica

Amy Jen Su

Establecer prioridades en el trabajo puede ser frustrante, sobre todo si trabajas con un jefe que se desentiende del tema o en una empresa que no te marca unos objetivos claros. La mayoría de nosotros nos enfrentamos a esta realidad a diario. Las investigaciones de Robert Kaplan y David Norton, citadas con frecuencia, muestran que más del 90% de los empleados no entienden bien la estrategia de su empresa ni saben lo que se espera de ellos para que puedan ayudar a alcanzar los objetivos de la compañía.[1] Y, para más inri, un estudio de Strategy& revela que los ejecutivos de todo el mundo afirman tener que afrontar demasiadas prioridades contradictorias.[2]

En un mundo en el que unos objetivos contradictorios y poco claros son la norma, ¿cómo se puede aprender a priorizar el propio trabajo y seguir sintiendo la satisfacción del trabajo bien hecho?

Adaptado de «How to Prioritize Your Work When Your Manager Doesn't» en hbr.org, 24 de enero de 2017 (producto #H03EVL).

1   Robert S. Kaplan y David P. Norton, «The Office of Strategy Management», *Harvard Business Review*, octubre de 2005 (producto n.º R0510D).
2   Paul Leinwand y Cesare Mainardi, «Stop Chasing Too Many Priorities», hbr.org, 14 de abril de 2011.

Asumir la responsabilidad

En primer lugar, revisa tu forma de pensar a la hora de establecer prioridades. No asumas que priorizar tus tareas es trabajo de otra persona, y no elijas verte únicamente como un «hacedor» o una «abeja obrera». Es fácil culpar a nuestros jefes o a nuestras organizaciones cuando estamos muy estresados o ante una cantidad abrumadora de trabajo. Debes admitir que establecer conscientemente las prioridades es un pilar fundamental del éxito.

Filtrar las prioridades

Selecciona un par de áreas para establecer prioridades; esto puede ayudar al cerebro a gestionar el exceso de información. Muchos investigadores han descubierto que es la sobrecarga de opciones lo que nos paraliza o nos lleva a tomar decisiones que van en contra de nuestros intereses. Dos de los criterios que utilizo con mis clientes para que determinen las prioridades son la *contribución* y la *pasión*. Piensa en tu puesto actual y responde a las siguientes preguntas:

- **¿Cuál es mi mayor contribución en la empresa?** Cuando reflexionamos sobre nuestras aportaciones, tenemos en cuenta tanto las necesidades de la organización como de qué modo ponemos sobre la mesa nuestros puntos fuertes, nuestra experiencia y nuestras capacidades. La palabra *contribución* refleja un sentido de propósito, civismo y servicio.

- **¿Qué me apasiona?** La motivación y la energía alimentan la acción; así que, a la hora de establecer prioridades, ten claro qué es lo que más te llena en tu trabajo actual.

Marcar una serie de directrices para dar los siguientes pasos

Podemos incorporar los dos criterios, contribución y pasión, para marcar unas directrices. Esta estructura de trabajo puede ayudarte a ordenar las prioridades y a definir las acciones posteriores. Observa la matriz de la figura 16-1.

Cuadrante I: Prioriza las áreas de tu trabajo que se encuentran en la intersección entre aportar lo máximo de ti mismo y que te motiven. Piensa en cómo has respondido a las dos preguntas sobre tu contribución y tus pasiones. ¿Qué proyectos, iniciativas y actividades aparecen en ambas listas?

Cuadrante II: Asume aquellas partes de tu cargo que son importantes pero agotan tu energía cuando te dedicas a ellas. ¿Cuáles son las potenciales incomodidades y qué puedes hacer al respecto?

- Asume y acepta que no te van a gustar todas las partes de tu trabajo. Por ejemplo, quizá te entusiasma tener un cargo más alto y dirigir a un equipo más amplio, pero no te gusta tanto la mayor complejidad en los procesos de gestión y administración que ello conlleva.

- Asume el hecho de que puedes estar en una curva de aprendizaje. A lo mejor, una parte clave de tu trabajo aún no es tu punto fuerte, como participar en reuniones del ayuntamiento o ser más visible externamente. Mantén una mentalidad de superación y sal de tu zona de confort.

FIGURA 16-1

¿Qué tareas debes priorizar?

Céntrate en aquellas que alinean tu pasión con lo que más puedes aportar. Asume, promueve y delega el resto.

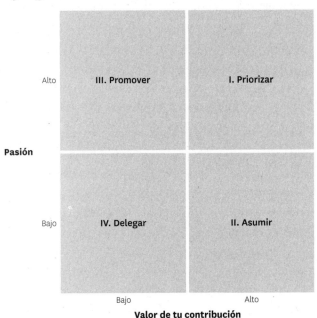

Fuente: Paravis Partners

- Recuerda que hay un punto de inflexión en este cuadrante. Por ejemplo, es posible que tu mayor contribución en una función de estrategia nunca te apasione tanto como cuando lideras a la gente. El cuadrante podría poner de manifiesto que ha llegado el momento de un cambio —esa era mi situación hace más de quince años, cuando ningún tipo de prioridades era capaz de remediar el hecho de que estaba en la carrera equivocada—.

Cuadrante III: Promueve aquellas tareas que te dan mucha energía, aunque los demás no las vean como la mejor manera de invertir tu tiempo. ¿Cuáles son esas tareas?

- Promueve tus aportaciones. Tal vez veas una nueva tendencia, pero su impacto no les queda tan claro a los otros. Comparte aquello que ves en el horizonte y te motiva, y explica por qué es bueno no solo para ti, sino también para la empresa.

- Promociónate a ti mismo. Sé consciente de las áreas que todavía te satisfacen, quizá sean áreas de un puesto anterior o de cuando la empresa era más pequeña. Tal vez te guste solucionar problemas y tengas una inclinación hacia la acción, lo que te lleva a involucrarte en cosas de las que debería hacerse cargo tu equipo. Haz una «pausa» antes de lanzarte a ello.

- Por último, si aumenta la desconexión entre lo que te mantiene motivado y lo que valora tu organización, puede que haya llegado el momento de cambiar de aires.

Cuadrante IV: Delega el flujo diario de actividades, emails y reuniones infructuosas y tediosas. Si no hay nadie en quien delegar, propón que se contrate a alguien. También puedes simplemente decir que no, o tachar esas tareas de tu agenda. Lo irónico es que, a medida que avanzamos en nuestras carreras, las cosas que antes estaban en el cuadrante I ahora han pasado al cuadrante IV. Si la gente sigue acudiendo a ti para que realices esas tareas, redirígelas amablemente diciendo algo como: «Me alegro de verte. Sé lo importante que es esto. Le he pedido a Kate, de mi equipo, que se encargue de esos asuntos, y ella podrá darte una respuesta más directa y rápida».

Marca las prioridades en tu agenda y llévalas a la práctica

Revisa tu agenda del último mes para ver cuánto tiempo has dedicado a los cuatro cuadrantes. (Yo resalto cada uno en un color diferente en mi agenda para ver rápidamente cómo lo estoy haciendo: el primero de amarillo, el segundo malva, el tercero azul y el cuarto sin color). Al principio de la semana marca todas las prioridades del primer cuadrante y dedica algo más de tiempo de preparación.

No te conformes con el *statu quo*. Como observa Greg McKeown, autor de *Essentialism*, si no das prioridad a tu tiempo, otra persona lo hará por ti,[3] y no siempre lo hará en tu beneficio o por el bien común. Asume ese control y recupera el poder de decisión sobre en qué puedes emplear mejor tu tiempo y tu energía. Al hacerlo, te sitúas en una posición para producir resultados significativos, estar más satisfecho con tu trabajo y tener más energía.

AMY JEN SU

Es cofundadora y socia directora de Paravis Partners, una empresa de *coaching* ejecutivo y desarrollo del liderazgo. Es coautora, con Muriel Maignan Wilkins, de *Own the Room: Discover Your Signature Voice to Master Your Leadership Presence* (Harvard Business Review Press, 2013). Tiene un MBA por la Harvard Business School y una licenciatura en Psicología por la Universidad de Stanford. Puedes seguir a Amy en Twitter @amyjensu.

---

3 Greg McKeown, «Prioritize Your Life Before Your Manager Does It for You», hbr.org, 1 de junio de 2015 (producto #H02422).

Capítulo 17

Detecta que objetivos están obsoletos y elimínalos

Jessica Avery

Cuando pensamos en una acción estratégica, a menudo nos centramos en qué cosas nuevas deberíamos empezar a hacer: ¿Qué proyectos debería emprender nuestro departamento o equipo para contribuir al objetivo final de la organización? ¿Qué ideas empresariales innovadoras debemos perseguir? Si bien esta forma de pensar en el futuro es esencial, muchos directivos olvidan un paso clave para lograr tales resultados: dejar atrás el pasado.

Vijay Govindarajan, profesor de la Escuela de Negocios Tuck, en su libro *The Three-Box Solution* propone abrir tres «cajas» para distribuir el tiempo, la energía y los recursos de una organización:

Caja 1: Gestionar el presente optimizando el núcleo del negocio.

Caja 2: Olvidar el pasado dejando de lado los valores y prácticas que han perdido relevancia.

Caja 3: Crear el futuro inventando un nuevo modelo de negocio.

Cuando los directivos se esfuerzan por dirigir una empresa de alto rendimiento, tienden a prestar más atención a las cajas 1 y 3, mientras suelen olvidarse de la 2. Decidir que has que dejar algo atrás —especialmente si se trata de un proyecto al que has dedicado mucho tiempo y atención— puede ser una elección difícil. Pero, así como es importante detectar lo que deberías aportar, es esencial que reconozcas qué tareas y proyectos interfieren en tu trabajo o te distraen, para que puedas dejar de hacerlos.

La naturaleza humana y la aversión a deshacerse de algo

Como seres humanos, somos seres emocionales, y nuestro apego emocional a las iniciativas a menudo obstaculiza el hacer un claro análisis del valor que aportan. El tiempo y el esfuerzo que en el pasado hemos invertido en un proyecto suele impedirnos ver qué nos aportará en el futuro. Tenemos que dejar de lado esas emociones para juzgar una iniciativa por sus resultados y para aprender a dejarla de lado.

En un mundo ideal podríamos utilizar la lógica pura para tomar estas decisiones estratégicas sobre lo que hay que abandonar. Piensa en el señor Spock de *Star Trek* cuando evalúa las situaciones en el USS Enterprise. Sin estar sujeto a las emociones, sus decisiones sobre cómo proceder se reducen a tres simples pasos:

1. Estimar el valor de lo que está haciendo en el presente.

2. Calcular el valor de lo que podría hacer.

3. A continuación, comparar los dos valores. Cuando ve que una alternativa es más efectiva que la opción que ha tomado, emprende ese nuevo rumbo.

Spock evalúa constantemente todas las opciones y va realizando los ajustes correspondientes. Los *trade-offs* que hay que hacer para tomar cada decisión se reducen a la idea básica del coste de oportunidad. El *coste de oportunidad* es el valor de aquello que no estás haciendo pero que podrías hacer. Es el valor de esa tienda nueva que no estás abriendo, del producto nuevo que no estás lanzando o el de las ventas adicionales que obtendrías de un nuevo enfoque de marketing que no estás ejecutando.

En general, infravaloramos el coste de oportunidad porque parece más difuso y es más difícil de cuantificar que los «costes reales». Pero que sea difícil de valorar no significa que no tenga valor: el coste de oportunidad puede ser el mayor coste que tenga tu empresa. Piensa en el coste de oportunidad que habría tenido Apple si hubiera optado por dejar de lado el iPhone y se hubiera concentrado en su negocio principal, el de los ordenadores. En pocas palabras: si el valor de lo que estás haciendo ahora es inferior al valor de lo que podrías hacer, tienes que cambiar de rumbo; y en los negocios eso puede significar dejar de hacer un trabajo que tuvo éxito en el pasado.

Supongamos que quieres añadir una nueva línea de productos en tu empresa. Calculas el valor potencial de la línea de productos en 100.000 dólares al año. Pero hay un inconveniente: para lanzar la nueva línea, tendrías que sustituir a tres empleados de ventas y marketing que dan soporte a un producto actual que genera 50.000 dólares al año y ha supuesto unas ventas sólidas para la empresa. Sin embargo, las ventas de este producto están empezando a disminuir. En este caso, tiene sentido desprenderse del sólido producto superventas (perder hasta 50.000 dólares) en favor de esa oportunidad más grande y rentable (ganar 100.000 dólares).

Evaluar el coste de oportunidad de nuevos objetivos es un juego de adivinanzas, por lo que siempre resultará arriesgado, sobre todo cuando se interponen las emociones. Pero no aprovechar una oportunidad puede entrañar riesgos aún mayores. El apego de tu equipo a un producto «clásico» —uno al que habéis dedicado años para crearlo y venderlo— podría significar la pérdida de mucho tiempo y dinero en algo que quizá ya no tenga el valor que tenía. Estos viejos proyectos acaban convirtiéndose en «proyectos zombis». Siguen vivos porque siempre han estado ahí, creando cada vez menos beneficios a medida que pasa el tiempo, pero negándose a morir. Piensa en el equipo de redes sociales que pasa horas escribiendo promociones específicas que no suponen un aumento significativo de las ventas. O en el director de marketing que crea boletines de correo electrónico que tienen un bajo índice de apertura y de clics. Cada minuto que la gente pasa trabajando en un objetivo obsoleto se están perdiendo cantidades significativas de dinero, ya que se están dejando de lado las prioridades que realmente importan (para ver un ejemplo, consulta el cuadro «El curioso caso de los télex»).

EL CURIOSO CASO DE LOS TÉLEX

Los télex comenzaron como un nuevo y audaz sustituto de los telegramas de empresa a empresa en la década de los años treinta, y alcanzaron su apogeo a principios de los ochenta. Después, el crecimiento de los faxes y del correo electrónico los hacía cada vez más engorrosos y caros en comparación, y finalmente quedaron obsoletos.

Sin embargo, no fue hasta 2008 cuando AT&T y British Telecom cerraron definitivamente sus operaciones de télex. Durante dos décadas siguieron prestando servicio a un mercado cada vez más reducido de empresas a las que les resultaba difícil desprenderse de sus máquinas télex, aunque cada vez podían comunicarse con menos personas a través de ellas. En retrospectiva, tener un télex en los años noventa o dos mil —consumiendo cuotas de soporte, tiempo y experiencia de los empleados— parece una locura.

Pero ¿cómo se acaba con la máquina de télex?

El experto en télex de la empresa, que comprueba cada hora si hay mensajes urgentes en la máquina y la mantiene con papel, tinta y la repara puede darse cuenta de que el número de mensajes está disminuyendo. Pero ¿sugerirá él que se revisen los mensajes una vez al día? ¿O que se pasen al fax o al correo electrónico? Si lo hace, corre el riesgo de ser visto como un quejica que lo único que quiere es trabajar menos. Y, lo que es peor, podría perder su trabajo si la gente está de acuerdo en que el télex es innecesario y piensan que él no tiene nada que aportar en otra área. Sus compañeros no quieren ofenderle señalando que su trabajo está desfasado y, en verdad, hay algunos clientes que podrían seguir utilizando el télex… por lo tanto, ¿qué tiene de malo mantenerlo?

El «daño» es que gastar tiempo y energía en este dispositivo obsoleto significa que no se está prestando atención a otras necesidades más urgentes. Si la empresa abandona definitivamente el télex, los clientes pueden sufrir un pequeño contratiempo al verse obligados a aprender a comunicarse por otros medios, pero los equipos internos van a tener más tiempo para dedicarse a otras prioridades, como captar más clientes y generar más ingresos para la organización.

Parte de la razón por la que es tan difícil dar el paso hacia las nuevas oportunidades es por el sesgo del *statu quo*. Los seres humanos hemos evolucionado para tener una fuerte tendencia a mantener las cosas como están: somos reacios a los cambios. Este rasgo era muy útil, por ejemplo, cuando impedía a los primeros humanos salir de la cueva por la noche mientras los tigres dientes de sable merodeaban por su entorno. Pero también hace que, en nuestro trabajo, nos aferremos a proyectos y procesos simplemente por costumbre. Y ello lleva a las organizaciones a la inercia.

Con las emociones a flor de piel y la inclinación humana hacia el *statu quo*, las cartas de la baraja no van a favor de los esfuerzos de la caja 2. Por lo tanto, se necesita invertir *mucha* energía para salir de esta inercia.

Evaluar qué hay que cortar y desprenderse de ello

Así pues, como es difícil determinar claramente el coste de oportunidad y la naturaleza humana nos anima a quedarnos como estamos, ¿cómo decidirás qué hay que dejar de lado?, y ¿cómo aplicarás ese cambio? Empieza por plantear las preguntas adecuadas sobre una iniciativa o una tarea.

Hacer que un proyecto demuestre su valía

Cuando examinamos un proyecto o un objetivo potencialmente obsoleto, tendemos a esperar el máximo consenso de que no hay nada malo en abandonarlo. Por defecto, este enfoque es erróneo en tres niveles:

- **El consenso suele llegar demasiado tarde.** Cuando el proceso está tan desfasado que ya todo el mundo está de acuerdo en que hay que abandonarlo, probablemente se habrán desperdiciado años de recursos que se podrían haber redistribuido.

- **Sitúa el peso de la prueba en el lugar equivocado.** Solicitamos pruebas de que detener un proyecto no causará ningún daño, pero sería mejor preguntarse: «¿Podemos demostrar que ahora el proyecto está creando beneficios?». Invertir el peso de la prueba de este modo se convierte en una poderosa palanca de cambio.

- **Considera el valor del proyecto de forma aislada.** Para decidir que no es perjudicial abandonar un antiguo proceso o una iniciativa de proyecto, considera el valor que aporta como un beneficio independiente, en lugar de compararlo con los beneficios que aporta lo que se podría hacer en su lugar. Hacer algo que genere 1.000 dólares puede parecer que merece la pena pero, si estás tan ocupado con tu negocio actual que no puedes dedicar recursos a nuevas iniciativas que pueden añadir 10.000 dólares de valor si se les dota de los recursos adecuados, estás ahorrándote unos centavos, pero perdiendo dólares.

Para decidir continuar con algo hay que argumentar a favor de mantenerlo, teniendo en cuenta otras opciones y alternativas. Por ejemplo, en el caso de una empresa que utiliza un método de comunicación anticuado, como las máquinas de télex, esto significa preguntarse: «¿Cuál es el valor adicional creado por la recepción de mensajes en el télex, en lugar de racionalizar toda la comunicación con los sistemas modernos? ¿Qué haríamos con el dinero extra y el tiempo de los empleados si dejáramos de mantener la red télex?».

Si esa actividad puede demostrar que está aportando más valor añadido de lo que se haría en su lugar, entonces la organización debería mantenerla. Pero, si no puede, es una señal de que debe descartarse.

Crear un proceso de selección de proyectos grandes, medianos y pequeños

Los proyectos tienen una gran variedad de tamaños. Los recursos de una organización se dedican a algunos objetivos estratégicos de gran envergadura, pero también se utilizan para miles de pequeñas tareas que tú, junto con tu equipo, abordas a diario. El cuadro 17-1 ilustra los numerosos proyectos que componen el trabajo de una empresa, desde grandes objetivos de la organización que afectan a toda la plantilla (los triángulos más grandes) hasta los proyectos y objetivos de grupo que afectan a tu unidad (los triángulos medianos) y las pequeñas ocupaciones diarias de la lista de tareas de un individuo (los cientos de triángulos más pequeños). Cada una de estas tres áreas se beneficia de un enfoque diferente a la hora de decidir qué recortar y cómo hacerlo.

FIGURA 17-1

El trabajo organizativo tiene muchos tamaños

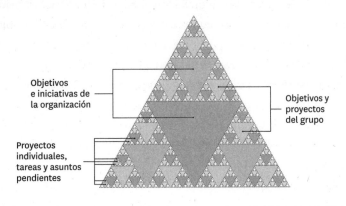

Objetivos e iniciativas de la organización

Objetivos y proyectos del grupo

Proyectos individuales, tareas y asuntos pendientes

Objetivos grandes por encima de tu equipo. No es de extrañar que los triángulos más grandes utilicen las mayores cantidades de recursos; recortar esos objetivos permitiría destinar significativos recursos a alternativas más rentables. Para decidir si hay que eliminar uno de estos triángulos es necesario responder a dos preguntas clave: ¿Cuál es el valor que están creando?, y ¿cuál es el valor de lo que estaríamos haciendo?

Como gestor, es posible que no tengas la capacidad de responder a estas preguntas o de realizar tales recortes a gran escala en tu organización. Ahora bien, cambiar proyectos o procesos que afectan a los objetivos estratégicos de toda la empresa requiere un enfoque descendente. Es probable que esos recortes sean muy visibles y que, a menos que sean actividades o productos que se han quedado obsoletos y aporten cero beneficios, deshacerse de ellos sea espinoso y polémico. Seguramente, las discusiones entre los diferentes grupos de interés paralizarán ese proceso hasta que la alta dirección intervenga para tomar una difícil decisión.

Objetivos medianos dentro de tu equipo. Como gestor, puedes actuar como persona que identifica, evalúa y, a menudo, decide en los numerosos proyectos y tareas medianas que pertenecen principalmente al ámbito de tu equipo. Ten siempre presentes los objetivos principales de tu grupo y pregúntate si tu tarea y la de tu equipo son necesarias para lograr un objetivo determinado: ¿Por qué estamos haciendo esta tarea? ¿Aporta valor? ¿Ha disminuido ese valor? Por ejemplo, ¿tu equipo está creando informes que no generan preguntas de seguimiento? ¿Estás gestionando a clientes que compran cada vez menos? ¿Te diriges a segmentos que son cada vez menos relevantes?

Busca pistas que puedan indicar una incipiente «tarea zombi»: menos comentarios de las partes interesadas y menos urgencia en torno a la tarea. Por ejemplo, si se produce un retraso, ¿hay repercusiones? Haz caso a tu instinto: si realizar una tarea te produce una sutil sensación de impotencia, puede que estés trabajando en una incipiente cuestión zombi.

Pequeñas tareas dentro de tu equipo. Una gran parte del trabajo de un equipo son los cientos de pequeñas tareas que mantienen a todo el mundo ocupado. Individualmente, estas tareas no tienen mucho impacto si se convierten en zombis, pueden sumar unos cuantos minutos en el trabajo diario una persona. Sin embargo, de forma acumulada, suponen un enorme lastre para la organización.

Por ejemplo, ¿es realmente necesario probar tres borradores de un *mailing* de marketing para los proveedores independientes de fontanería, o el segundo borrador era lo suficientemente bueno para este mercado tan reducido? ¿A qué podrían dedicar ese tiempo los miembros de tu equipo? Puede que esta tarea solo ocupe diez minutos del día de un miembro del equipo; pero, si se reduce, a la vez que se hace con otras tantas pequeñas tareas que podrían eliminarse, habrás liberado unas cuantas horas para que ese miembro del equipo trabaje en otros proyectos, como la actualización del sitio web de la empresa con nuevos materiales para atraer a posibles clientes.

Hay que animar a todos los miembros del equipo a que detecten y eliminen esas tareas obsoletas y las sustituyan por trabajos más valiosos. Si existe un conjunto claro de prioridades del grupo, esto puede ocurrir de forma natural. Si asignas a alguien un nuevo proyecto de alto valor, lo priorizará e instintivamente eliminará elementos menos importantes de su lista de tareas para darle su espacio. Pero también ayuda el hecho de animar y validar ese proceso de recortes. Deja claro que, dado que estás añadiendo trabajo de mayor prioridad para el grupo, esperas que el trabajo existente tenga que remodelarse, delegarse o descartarse para dar cabida al nuevo objetivo. Cuando los miembros del equipo entiendan y asimilen las prioridades del grupo, podrán utilizarlas como lente para examinar su propio trabajo y efectuar los recortes necesarios.

No será un proceso perfecto. Al añadir activamente prioridades de alto valor y eliminar elementos de menor valor para dejar espacio al nuevo trabajo, en algún momento, tú —o los miembros de tu equipo— cometerás un error. Resultará que una de esas tareas de menor valor era más válida de lo que creías, y habrá que volver a emprenderla. Cuando eso ocurra, no abandones el nuevo proceso ni culpes a un empleado. Vuelve a validar ese trabajo y reconoce su valor medio. Si descubres que algunas personas están haciendo demasiadas llamadas que producen un resultado no deseado, trata en profundidad con ellas cómo están priorizando su lista de tareas. Por otro lado, si ves que en tu equipo nadie comete errores, probablemente eso sea una señal de que no están abordando el proceso con suficiente fuerza.

El objetivo es ser dinámico y flexible a todos los niveles y hacer que la organización avance hacia el futuro. Para dejar atrás el pasado, hay que dejar de lado los prejuicios naturales y exigir que salga a la luz el valor de todos los objetivos y proyectos. Si detectas y eliminas activamente los elementos de la caja 2 —y si animas a tu equipo a que también lo hagan—, estarás seguro de que las prioridades en las que trabajas aportan el máximo valor a tu empresa.

JESSICA AVERY

Es la directora de Análisis e Información Empresarial del grupo Harvard Business Review.

Capítulo 18

Qué hacer cuando los objetivos estratégicos entran en conflicto

Ron Ashkenas y Brook Manville

La *estrategia* es la práctica de traducir la visión y el propósito de tu organización en un conjunto de objetivos específicos, y luego desarrollar planes y acciones para lograrlos. Como tal, la estrategia tiene que ver con estas opciones: qué hacer y qué no hacer, dónde invertir y de dónde retirarse, con qué rapidez o lentitud proceder, y cuánto riesgo asumir.

Sobre el papel parece un proceso racional y sencillo: basta con exponer los posibles objetivos y planes, analizar sus pros y sus contras y tomar decisiones. Sin embargo, la realidad resulta ser mucho más compleja. A veces, los objetivos que surgen requieren recursos y habilidades que no se dan en tu equipo; en otras ocasiones, los diversos objetivos —cada uno de ellos tiene sentido por sí mismo— entran en conflicto entre sí y no pueden emprenderse todos al mismo tiempo. ¿Qué hacer entonces?

Para lograr el equilibrio adecuado, es necesario tener una *estrategia de ejecución*. Tienes que evaluar cuidadosamente cómo planeas seguir esos objetivos, ya sea haciendo ajustes, buscando los recursos necesarios o abandonando algunas prioridades por completo. En este capítulo se pretende mostrarte cómo plantear las preguntas correctas sobre los objetivos estratégicos para que puedas navegar a través de las tensiones estratégicas y encontrar el camino correcto.

Reiniciar el crecimiento en un mercado competitivo

Consideremos este ejemplo: una empresa tecnológica con un producto único había crecido rápidamente en sus primeros diez años, pasando de ser una empresa nueva a una de quinientos millones de dólares, pero ahora se está dando de bruces contra la pared. La competencia ha entrado en su mercado: venden productos similares, pero de menor calidad y más baratos. La empresa tecnológica, para mantener su base de clientes, había igualado los precios a los de sus competidores, por lo que ahora los márgenes se estaban reduciendo, y también la rentabilidad.

En respuesta a este panorama financiero tan cambiante, el equipo directivo hizo un análisis estratégico para identificar formas de reiniciar su crecimiento y recuperar su posición en el mercado. Surgieron tres objetivos:

- Reducir drásticamente los costes de explotación, bajar los precios y recuperar la cuota de mercado.

- Mejorar el producto principal para que sea más valioso para los clientes y, por tanto, para que tenga un precio más alto.

- Reorientar al equipo de ventas hacia los grandes clientes empresariales que pagarían una prima por la calidad.

Por desgracia, estas opciones parecían excluirse mutuamente, o al menos eran difíciles de realizar al mismo tiempo. Si los costes se redujeran a gran escala, la empresa no dispondría de los recursos o del ancho de banda de la dirección para centrarse en la mejora de los productos o en nuevos enfoques de salida al mercado. La empresa tampoco tenía el talento adecuado para realizar esos cambios, por lo que tendría que hacer nuevas inversiones, que no eran posibles, a menos que los costes operativos se redujeran.

Después de mucho debatir, el equipo directivo se dio cuenta de que mirar cada objetivo por separado era un enfoque erróneo. En vez de eso, debían considerar cada objetivo como parte de un contexto más amplio. Al hacerlo, pudieron trazar un camino hacia adelante que les permitiría abordar los tres objetivos, pero con diferentes grados de intensidad.

En primer lugar, decidieron apostar por reducir los costes y los gastos operativos en un 15% lo antes posible. Sabían que eso sería doloroso y que perderían algunos de los buenos talentos, pero también sabían que debían generar beneficios para poder reinvertirlos en los otros dos objetivos.

Al mismo tiempo, no querían esperar entre seis y doce meses para iniciar los cambios de producto y ventas. Para ponerlos en marcha, el director de I+D canceló inmediatamente una serie de proyectos a largo plazo que eran más arriesgados, y destinó a algunos de los ingenieros a un equipo de trabajo de mejora del producto. El reto específico del equipo era encontrar formas de aumentar el valor de la tecnología de la empresa para sus clientes y probar las oportunidades más prometedoras con varios de sus clientes en un plazo de tres meses.

Del mismo modo, al tiempo que reducía otros costes operativos, el jefe de ventas pidió a tres de sus mejores empleados que hablaran con algunas empresas de alto nivel sobre sus necesidades y sobre cómo podría ser útil la tecnología de la empresa. Su objetivo era obtener información lo antes posible para utilizarla como base de un enfoque piloto de salida al mercado para grandes empresas que pudiera probarse en unos meses.

La adopción de estas medidas ayudó efectivamente a la empresa a reiniciar su crecimiento. Este ejemplo ilustra un punto importante:

los objetivos que surgen de la estrategia no deben aplicarse de forma fragmentada, sino que deben considerarse de forma holística, como parte de una estrategia de ejecución global. Si los objetivos no forman parte de un plan integrado, es posible que se persigan en la secuencia equivocada, que se anulen entre sí o que reciban menos atención y menos recursos de los necesarios.

Crear una estrategia en torno a la estrategia

Aunque la estrategia se suele elaborar al más alto nivel de la empresa, muchas de las decisiones de ejecución pueden recaer sobre ti como mando intermedio o jefe de equipo de una unidad. A medida que desarrolles una «estrategia para la estrategia», deberás evaluar y comunicar a los líderes de alto nivel las cuestiones de implementación específicas relacionadas con las decisiones que estás tomando, especialmente porque ellos no están tan cerca como tú de los detalles relevantes de primera línea.

Expresa tus puntos de vista de forma objetiva y evita que te vean simplemente como a un «detractor»; si hay problemas clave de aplicación que han salido a la luz o barreras ocultas que hay que superar, discútelos de forma abierta, pero constructiva, sugiriendo formas de abordarlos. Tu objetivo es ayudar a los responsables de la toma de decisiones a que detallen una solución global, garantizando las mejores opciones posibles y el seguimiento de lo que se está priorizando y secuenciando.

Hazte las siguientes preguntas cuando estés desarrollando una estrategia de ejecución con «objetivos contradictorios»:

- **Secuenciación.** ¿Puedes trabajar en todos los objetivos estratégicos al mismo tiempo? Si no es así, ¿qué se debe abordar primero? ¿Hay recursos o conocimientos que puedan obtenerse de una oportunidad temprana para apoyar otro objetivo más adelante? En el caso de nuestra empresa tecnológica, por ejemplo, el equipo se dio cuenta de que tenían que ser competitivos en costes para que el plan siguiera siendo viable desde el punto de vista financiero, por lo que era prioritario cambiar el modelo operativo subyacente. Además, el ahorro generado por este objetivo podría reinvertirse en los otros cambios más adelante.

- **Ancho de banda.** ¿Cuánto podéis hacer tú y tu equipo a la vez? ¿Dispones de recursos para centrarte en más de un proyecto estratégico importante al mismo tiempo? ¿Qué se necesita para mantener la actividad actual mientras se impulsan nuevas iniciativas estratégicas? En el ejemplo, el equipo de la empresa tecnológica decidió que no tenía ni los recursos ni la atención de la dirección para hacerlo todo. Pero podrían seguir adelante con un par de objetivos si los redujeran a una escala mucho menor; eso les llevó a crear un equipo de trabajo tecnológico y a iniciar el diálogo enfocado en los potenciales clientes de gama alta.

- **El talento.** ¿Dispones de personal con las habilidades y los conocimientos necesarios para adentrarse en un nuevo territorio estratégico? ¿Tendrás que contratar a nuevas personas o formar al personal actual? ¿Cuál es el alcance de esta inversión y cómo se integrará con el equipo actual? Evalúa lo que tu equipo o tu departamento aportan a la estrategia, y complétalo con las piezas que faltan. En la empresa de tecnología, el equipo directivo se dio cuenta de que la principal carencia de talento estaba probablemente en el área de ventas, ya que la venta de alta gama requiere un enfoque más consultivo, que no estaba en su área. Pero, antes de contratar a nuevas personas o de formar a las actuales —ambas cosas pueden ser costosas— decidieron aprender más sobre esos clientes para que la futura inversión tuviera más posibilidades de éxito.

- **Resolución de conflictos y reequilibrio.** Si el mercado o nuestros recursos cambian durante la planificación, ¿deberían seguir prevaleciendo nuestras hipótesis originales sobre cómo competir? ¿Nuestras investigaciones han sugerido aprendizajes específicos que alterarían sustancialmente esas suposiciones? ¿Existen graves desacuerdos entre los principales interesados sobre la estrategia de ejecución? ¿Cuál es la causa de su oposición? ¿Hay colegas escépticos que plantean inquietudes legítimas que exigirían un cambio de rumbo del camino a seguir? Incluso con una normativa clara para asignar recursos a iniciativas estratégicas complementarias, los cambios del mercado, el aprendizaje y —seamos sinceros— los desacuerdos humanos pueden emerger. Trabaja para resolver esos conflictos, y estate preparado para reequilibrar las iniciativas si las condiciones lo justifican.

Tener en cuenta estos puntos te ayudará a crear una estrategia de ejecución clara para cumplir múltiples objetivos. Por supuesto, ningún plan estratégico se mantiene siempre estático. A medida que avances en las primeras iniciativas, aprenderás qué funciona y qué no, y qué suposiciones se deben cambiar. Empezarás a ver si hay que revisar los primeros proyectos piloto o qué se necesita para ampliarlos. Comprenderás mejor qué es capaz de hacer el personal de tu departamento y dónde necesitas ayuda. Evaluarás las nuevas inversiones y el momento de realizarlas. Y, a medida que hagas todo eso, continuarás adecuando y ajustando el marco general sobre la base de todo lo que aprendas.

El análisis y la reflexión estratégicos casi siempre conducen a una serie de objetivos diferentes, algunos de los cuales pueden parecer incompatibles con otros. Reunirlos en un marco de aplicación integrado permite avanzar y aprender sobre la marcha.

Ron Ashkenas

Es socio emérito de Schaffer Consulting, colaborador habitual de *Harvard Business Review* y autor o coautor de cuatro libros sobre transformación organizativa. Ha trabajado con cientos de directivos a lo largo de los años para ayudarlos a traducir la estrategia en acción.

Brook Manville

Es director de Brook Manville, LLC, una consultoría centrada en la estrategia, el desarrollo organizativo y el liderazgo ejecutivo. Antiguo socio de McKinsey & Company, es escritor habitual sobre temas de liderazgo y coautor de dos libros con Harvard Business Review Press. Juntos son coautores de *Harvard Business Review Leader's Handbook* (Harvard Business Review Press, 2018). Este artículo se basa en la investigación realizada para ese libro.

Capítulo 19

Evaluar los *trade-offs* y gestionarlos

Incluso con unas prioridades claramente establecidas y una ejecución de estrategias bien definida, los planes están intrínsecamente sujetos a cambios en el transcurso de los negocios. Pensemos en el equipo que trabaja en un nuevo producto y al que de repente se le pide que acelere la producción para satisfacer las necesidades de un cliente importante, o que añada nuevas funciones a una aplicación cuando el presupuesto de desarrollo está casi agotado. Decidir si hay que ajustar el rumbo de los objetivos clave requiere una cuidadosa reflexión, y habrá que sopesar las ventajas y los inconvenientes para emprender un cambio. Hay que gestionar los *trade-offs*.

Las decisiones sobre los *trade-offs* implican comprender el impacto que tienen para tu equipo, para otros departamentos y para la organización en general. El mero hecho de que alguien haga una petición que afecte a las prioridades de tu equipo no significa que debas tomar medidas en el asunto. En la evaluación de los *trade-offs*, debes decidir si tu equipo puede ajustar su carga de trabajo, si favorece los intereses de la organización y cómo avanzar si, de hecho, merece la pena llevar a cabo la acción solicitada.

Las siguientes prácticas te pueden ayudar a desenvolverte en este difícil terreno.

Adaptado de *Pocket Mentor: Thinking Strategically* (producto #13281), Harvard Business Press, 2010.

Lista de pros y contras

Cuando has de asumir un cambio en tus prioridades —una nueva estrategia para tu grupo, un producto adicional para comercializar y vender, o un plazo de tiempo de desarrollo más corto—, primero considera qué alternativas tienes. Puede que solo tengas una opción para cumplir el nuevo objetivo, o puede que tengas muchas. Para cada forma de proceder posible, pregúntate qué ventajas y qué desventajas podría tener ese plan.

Consideremos a un directivo al que se le ha pedido recientemente que diseñe una nueva característica para un producto en un plazo muy ajustado. Su equipo tiene pocas probabilidades de cumplir todos los objetivos estratégicos: desarrollar la nueva función del producto sin que ponga en peligro las ventas de las versiones anteriores, que pueda venderse a un precio suficientemente alto, que evite un rediseño costoso, etc. Para exponer los *trade-offs* de forma visual, escribió una lista con las ventajas y los inconvenientes que supondría añadir esa nueva característica. La tabla 19-1 muestra cómo realizó la evaluación.

Para crear tu propia lista, considera los objetivos estratégicos de tu empresa y tu departamento. ¿Sus objetivos hacen hincapié en la reducción de costes? ¿En mejorar el conocimiento de la marca? ¿En simplificar los procesos de desarrollo de productos? Si te planteas estos temas, los objetivos de la organización seguirán en tu cabeza mientras consideras todas las alternativas. Tus respuestas pueden ayudar a orientar tus decisiones sobre lo que está bien modificar —y lo que no— en función de unos objetivos estratégicos más amplios.

No es necesario que la lista sea larga o detallada, pero debe tener los puntos suficientes para que comprendas qué aportaría ese cambio a tu equipo y a tu organización, y qué estarías poniendo en riesgo al avanzar en esta dirección.

TABLA 19-1

Ventajas e inconvenientes de un nuevo producto

Ventajas	Inconvenientes
• Nos permite cobrar un precio más alto a los clientes.	• Podría hundir las ventas de la versión anterior del producto.
• Podría atraer a nuevos segmentos de clientes.	• Los consumidores podrían verlo como innecesario o como una molestia.
• Podría mejorar el conocimiento de la marca; nuestra empresa podría ser vista en la vanguardia de la tecnología.	• Requeriría un costoso rediseño del producto base.

Evalúa los resultados a corto y largo plazo

A continuación, piensa en las posibles repercusiones a corto y largo plazo de los distintos procedimientos a seguir. Por ejemplo, supón que te estás planteando si hay que bajar los precios de una línea de productos cuyas ventas han disminuido. Eres consciente de que ajustar los precios a este nivel podría aumentar las ventas de este mes, o incluso las de este año. Sin embargo, a largo plazo, esta medida podría perjudicar los ingresos si los consumidores esperan grandes descuentos en las ofertas de tu empresa. Es posible que no compren tus productos hasta que ofrezcas otro descuento. Para pensar estratégicamente en los impactos a corto y largo plazo, sigue estos pasos:

1. Reúnete con tu jefe para determinar cuánto tiempo debéis dedicar tú y tu equipo a los problemas a corto plazo frente a los objetivos a largo plazo.

2. Revisa el trabajo que tú y tu equipo habéis realizado en el último mes para determinar lo que se ha logrado a corto y largo plazo. Si el balance no se ajusta a las prioridades de tu grupo, establece nuevas directrices sobre en qué invierte el tiempo tu equipo.

3. Lleva un registro continuo para determinar en qué invertís el tiempo, tú y tu equipo. Cada dos semanas evalúa si estás dedicando el tiempo y la atención adecuados a las necesidades a corto plazo y a los objetivos a largo plazo. Reajusta tu enfoque si es necesario.

4. Cuando tengas que afrontar prioridades que chocan entre sí, determina cuáles son las más importantes, y haz que estas sean tu primera prioridad. Cuando surja un asunto urgente, determina cómo encaja en tu plan diario y actúa en consecuencia.

5. Involucra a tu equipo en las decisiones sobre cómo avanzar en los objetivos a largo plazo mientras se abordan las necesidades a corto plazo. Pueden tener una perspectiva sobre cómo equilibrar los grandes objetivos sin dejar de cumplir los plazos inmediatos.

Después de una conversación con tu jefe y de hacer un seguimiento del trabajo de tu equipo, puedes descubrir que, aunque gran parte del tiempo y la atención del equipo se inviertan en esta línea de productos en declive, el objetivo general es aumentar las ventas en todos los productos durante el año. Entonces, puedes decidir que bajar los precios de esta línea de productos tiene sentido para aumentar las ventas a corto plazo, ya que también se puede probar cómo funciona el producto con este precio más bajo. Mientras se prueba esta opción, tu equipo puede dirigir su atención a otros productos, esforzándose por aumentar sus ventas y reforzar el crecimiento de la empresa a largo plazo.

Equilibra las necesidades de tu departamento con las de la empresa

Algunas decisiones implican *trade-offs* entre tu departamento o grupo y la empresa en general. Supón que estás liderando a un grupo de ventas cuyos representantes han logrado numerosos contratos nuevos prometiendo a los clientes rápidas fechas de entrega de un nuevo producto. Eso es estupendo para tu grupo. Pero supone una carga para el desarrollo de productos, la fabricación, la tramitación de pedidos y el servicio de atención al cliente, que deben acelerar sus procesos para cumplir las promesas de los comerciales.

Esta situación puede generar diferentes resultados. Por ejemplo, obligar al desarrollo de un producto para lanzarlo antes de tiempo puede poner en peligro la calidad del mismo. Esto, a su vez, podría afectar al objetivo estratégico de esa unidad de elevar el nivel de calidad de todos los productos. También puede provocar un alto volumen de llamadas al servicio de atención al cliente, ya que los usuarios del producto se quejan de los defectos. Las personas de este departamento dedicarán más tiempo a apaciguar a los clientes que a sus propias prioridades básicas. Así, esa promesa de entrega anticipada podría perjudicar las relaciones con otros grupos de la empresa y con los clientes que tienen desde hace tiempo.

En este caso, hay que valorar si merece la pena sacrificar algunas ventas nuevas a cambio de un funcionamiento más fluido del resto de las funciones de la empresa, para que esta pueda atender a todos sus clientes, no solo a los recién llegados. Piensa siempre en cómo los cambios en las prioridades planificadas pueden afectar no solo a tu grupo, sino también a otros de la empresa.

Toma la decisión final

Si tienes en cuenta estos puntos, podrás evaluar plenamente cómo proceder cuando tus prioridades o planes cambien (el cuadro «Seis preguntas para hacer *trade-offs*» te recuerda las preguntas clave que debes hacer antes de tomar una decisión). Pensar en cada una de estas cuestiones te ayudará a percatarte de qué es más importante seguir haciendo y qué *trade-off* no se ajusta a las prioridades estratégicas de tu organización.

Sin embargo, has de tener en cuenta que, a veces, para llegar a un compromiso basta con especificar lo que no se va a hacer. Por ejemplo,

1. ¿Qué opciones tienes para asumir el problema?

2. ¿Cuáles son los pros y los contras de cada opción?

3. ¿Cuáles son las posibles consecuencias de tus elecciones a corto y largo plazo?

4. ¿Cómo puede influir en tu decisión el conocimiento de los objetivos estratégicos de tu empresa o unidad?

5. ¿Qué aspectos interdisciplinarios debes tener en cuenta antes de tomar tu decisión?

6. Teniendo en cuenta todas tus respuestas, ¿qué *trade off* parece más apropiado en esta situación?

---

supongamos que tu grupo está evaluando la posibilidad de crear versiones escalonadas de un producto: de gama alta, media y baja. Tu trabajo a lo largo de este proceso ha revelado riesgos especialmente significativos. En el caso de los productos de gama baja, los riesgos son especialmente importantes: estas ofertas podrían dañar la imagen de la marca y generar menores beneficios, lo que no se ajusta a los objetivos de la empresa. En este caso, simplemente di que no y explica tu decisión: «No sé cómo sería una versión de gama alta del producto. Pero sé que no haremos una versión de gama baja. Dañaría nuestra imagen de marca y no generaría suficientes beneficios para justificar la producción».

Al definir los *trade-offs* de este modo, ayudas a tu grupo a centrarse en las líneas de acción aceptables y a determinar en qué casos un cambio puede perjudicar a tu equipo, a otros departamentos o a la empresa en general. Al tener presente la estrategia de la organización, podrás determinar cuándo cambiar de rumbo y cómo hacerlo si se presenta la oportunidad.

Parte seis

Alinea tu equipo en torno a los objetivos estratégicos

Capítulo 20

Para ser un líder estratégico, haz las preguntas adecuadas

Lisa Lai

La estrategia es compleja. Líderes del pensamiento de todo el mundo han creado sofisticados marcos diseñados para ayudar a los líderes a lidiar con sus propias estrategias a un nivel abstracto. Sin embargo, la realidad es que una estrategia tiene éxito o fracasa en función de lo bien que los líderes de cada nivel de una organización integren el pensamiento estratégico en las operaciones diarias. Esto tiene que ver menos con la complejidad, y más con el enfoque práctico.

Como líder, ¿cómo puedes ser personalmente más estratégico? Hazte a ti mismo, y a tu equipo, las siguientes preguntas para aportar claridad, equilibrio y visión estratégica. Las preguntas están relacionadas unas con otras y conducen a una perspectiva estratégica bien alineada. Si consigues que estas preguntas formen parte de tu diálogo cotidiano, inevitablemente serás más estratégico y obtendrás mayores éxitos con tu equipo.

Adaptado de «Being a Strategic Leader Is About Asking the Right Questions» en hbr.org, 18 de enero de 2017 (producto #H03ENN).

1. ¿Qué hacemos hoy?

A menudo, los líderes se sorprenden de lo poco que saben sobre en qué están trabajando los miembros de su equipo. He aquí el motivo: con el tiempo, las organizaciones añaden cada vez más tareas a sus equipos y sus empleados. Mientras que los líderes y los miembros del equipo hablan largo y tendido sobre las nuevas iniciativas y asignaciones, se centran menos en el trabajo heredado que aún se está realizando. En algún momento, los líderes pierden de vista cuánto tiempo invierten las personas en las prioridades heredadas. Hacer esta pregunta casi siempre saca a la luz un trabajo significativo que los directivos no saben que se está haciendo o que está llevando mucho más tiempo del que debería. No lograrás que tu equipo avance estratégicamente si no conoces con total claridad la respuesta a esta pregunta.

2. ¿Por qué hacemos el trabajo que hacemos? ¿Por qué ahora?

Una vez que hayas hecho un balance de todo el trabajo realizado por tu equipo, el siguiente paso lógico es que examines la importancia de ese trabajo. Esto tiene dos propósitos estratégicos. En primer lugar, se obtiene claridad sobre lo que es importante y por qué es importante desde la perspectiva de tu equipo. Es probable que se den situaciones en las que no estéis seguros, o tú y tu equipo no estéis de acuerdo. Eso genera importantes conversaciones con tu equipo sobre las opciones, los recursos y los *trade-offs*. En segundo lugar, tienes la oportunidad de valorar el trabajo que realiza tu equipo y comprenderlo. A todo el mundo le gusta saber que el trabajo que realiza es importante. Tu trabajo consiste en entender y articular eso con tu propio equipo y con toda la organización. La única manera de conseguirlo es mediante el escrutinio.

3. ¿Cómo encaja lo que hacemos hoy en el panorama general?

Nunca hay que subestimar el poder de obtener una claridad total sobre tu propia área de responsabilidad y luego examinar si tu trabajo encaja con los objetivos más amplios de la organización. Se trata de un debate sobre las lagunas y los valores atípicos. Si tu equipo está trabajando en algo que no se ajusta al propósito o a los objetivos más amplios de la organización, tienes la responsabilidad de cuestionar la necesidad de hacer ese trabajo. Esto es así aunque tu equipo crea que su trabajo es importante o significativo. ¿Aporta valor a tus clientes? ¿Contribuye a las máximas prioridades de la empresa? El trabajo que beneficia tanto a los clientes como a la empresa debe ser la máxima prioridad, y el trabajo que ya no aporta valor debe eliminarse (consulta el capítulo 17 para obtener consejos sobre cómo hacerlo). Si identificas lagunas que no se están abordando actualmente, es necesario un debate más estratégico. ¿Estás haciendo exactamente, y solo, lo que más beneficia a tu organización?

4. ¿Qué significa el éxito para tu equipo?

Es probable que conozcas un puñado de medidas que otros utilizan para evaluar su éxito. ¿Reflejan la historia de lo que realmente significa el éxito para tu equipo? Si preguntaras a tu equipo qué representa el éxito para ellos individualmente y para el equipo en general, ¿podrían articular una respuesta? Los mejores pensadores estratégicos invierten tiempo en este aspecto: no intentan tranquilizar a su jefe con unas cuantas medidas que se puedan alcanzar fácilmente, sino que intentan comprender lo que realmente fomenta el éxito en términos de actividades, comportamientos, relaciones y resultados estratégicos. Cuanto mejor puedas alinear a tu equipo en torno a una sólida visión del éxito, más probabilidades tendrás de alcanzarlo.

5. ¿Qué más podríamos hacer para conseguir más, mejor y más rápido?

La mayoría de los líderes quieren demostrar su capacidad de «ser estratégicos» saltando directamente a esta pregunta. Si no has hecho el trabajo de responder a las preguntas anteriores, no es relevante lo que se te ocurra ahora, porque puedes —o no— ser capaz de actuar en consecuencia. Pero, si has respondido a las preguntas anteriores, estás bien posicionado para ser estratégico al responder a esta última pregunta. Puedes identificar nuevas y mejores formas de servir a los objetivos más amplios de tu empresa. Puedes optar por reorientar los recursos del trabajo actual que sean relativamente menos importante en comparación con otras nuevas posibilidades. Esta pregunta es la más importante de todas. Todo gran líder tiene que desafiar a su equipo para que con el tiempo aporte algo más y mejor, o para que actúe más rápido. Sin embargo, es una pregunta que está inextricablemente ligada a las anteriores si quieres generar las mejores ideas estratégicas. Ser un líder estratégico consiste en plantear las preguntas adecuadas y fomentar el diálogo adecuado con tu equipo. Al hacerlo, aumenta la capacidad colectiva del equipo para ser estratégico. Cuanto más competente seas formulando estas preguntas, mejor posicionado estarás para fomentar el progreso de tu equipo y tu organización.

LISA LAI

Es asesora, consultora y coach de algunos de los líderes y empresas más exitosos del mundo. También es moderadora de programas de desarrollo de liderazgo global para la editorial Harvard Business School. Puedes encontrarla en Facebook, visitar su sitio web www.laiventures.com o seguirla en Twitter @soul4breakfast.

Capítulo 21

Un ejercicio para que tu equipo aprenda a pensar de forma diferente sobre el futuro

Leonard M. Fuld

Pensar en el futuro es difícil, sobre todo porque nos aferramos al presente. Daniel Kahneman, economista ganador del Premio Nobel y autor de *Thinking, Fast and Slow*, observó que los responsables de la toma de decisiones se quedan atrapados en un bucle de memoria y solo pueden predecir el futuro como un reflejo del pasado. Esta dinámica se denomina *falacia narrativa*: vemos el futuro como una ligera variación de las noticias de ayer. Una forma de evitar esta falacia es una versión acelerada de la planificación de escenarios, una que lleva horas en lugar de meses.

Veamos el experimento que hace poco realizamos con un grupo de expertos para poner en marcha nuevas ideas sobre el futuro. Nuestros «conejillos de Indias» eran ejecutivos de ciencias de la biología de grandes empresas farmacéuticas, empresarios de biotecnología y académicos.

Adaptado de «An Exercise to Get Your Team Thinking Differently About the Future» en hbr. org, 23 de enero de 2015 (producto #H01TY2).

La pregunta que planteamos fue la siguiente: ¿Cómo puede afectar la *falta de talento científico, técnico, ingenieril y matemático (STEM) al crecimiento de las empresas de ciencias de la biología?* El taller de escenarios de alta velocidad incluyó tres pasos:

1. Identificar los elementos clave de la historia o los impulsores de la «historia» del talento STEM que hay que explorar.

2. Concebir un futuro plausible combinando los elementos.

3. Explorar este futuro para entender las implicaciones para sus negocios.

Los participantes eligieron tres impulsores, o motores, que cabría esperar que configuraran el futuro de las industrias de las ciencias biológicas: la educación científica, la inversión federal y la inversión privada. A continuación, identificaron los extremos de cada impulsor que estaban lejos de su estado actual. Por ejemplo, el grupo definió el impulsor de la educación como «el grado en el que la educación primaria y superior de Estados Unidos ha desarrollado planes de estudio para producir talento científico y técnico». Los participantes decidieron que, en su historia futura, el sistema educativo estadounidense se debilitaría sustancialmente, lo que daría lugar a un número relativamente escaso de nuevos licenciados en ciencias, y que la financiación gubernamental, el segundo impulsor, descendería precipitadamente. Mientras tanto, el grupo sugirió que la inversión privada a gran escala en biociencia se dispararía.

Construyendo un escenario basado en el imaginado estado futuro de estos impulsores, los expertos describieron una imagen de un mundo en el que las empresas tecnológicas financiadas por los inversores transformarían la industria tradicional de las ciencias biológicas. En este mundo, la investigación en ciencias de la biología se basa más en el análisis de grandes datos que en los experimentos de laboratorio, y el talento virtual sustituye fácilmente a los grandes grupos de científicos que trabajan codo a codo. El resultado es una industria más eficiente y rentable.

Al ayudar al grupo a liberarse de la falacia narrativa, el ejercicio les permitió construir rápidamente un escenario que contrastaba con sus suposiciones iniciales sobre el futuro: que la escasez de licenciados en ciencias solo podría perjudicar a su industria.

A continuación, pedimos a los participantes que consideraran las implicaciones estratégicas de esta única historia futura. He aquí algunas de las provocadoras ideas que el grupo propuso:

- Las empresas farmacéuticas y biotecnológicas harán apuestas más pequeñas y más numerosas. El dinero privado, y no las subvenciones gubernamentales, alimentará tales apuestas.

- Habrá más asociaciones de I+D entre organizaciones privadas, como la Fundación Gates y las empresas de biotecnología, así como las grandes farmacéuticas. Las fundaciones privadas complementarán, pero no sustituirán, la escasa financiación gubernamental.

- El *crowdsourcing* (subcontratación masiva voluntaria) se convertirá en un motor fundamental de la I+D. Esto permitirá a las empresas seguir llevando a cabo una I+D cercana a los niveles actuales, pero con un coste menor.

- Las empresas de *big data* y análisis, como Google, reconfigurarán la I+D en ciencias de la vida, desplazando el énfasis de la experimentación práctica en un laboratorio a la investigación virtual, facilitada por una potencia informática cada vez mayor.

Aunque un ejercicio de dos horas nunca podrá sustituir a una actividad de planificación de escenarios de meses de duración, nuestro experimento sacó a los participantes de su marco de referencia habitual, abriéndoles los ojos a un posible futuro que requeriría tipos de inversión e investigación muy diferentes. El hecho de que este cambio pueda producirse en cuestión de horas demuestra que talleres como este pueden liberar el pensamiento de los ejecutivos.

Para que ejercicios como este funcionen, un disciplinado coordinador debe preparar y guiar a los participantes. No es necesario que se les entregue una redacción formal, pero deben tener a mano materiales de investigación relevantes —en nuestro caso, estos incluían un puñado de artículos breves sobre las tendencias de crecimiento de las ciencias de la vida, así como algunos informes de noticias sobre el talento STEM—; además, el moderador debe hacer de editor, puliendo y aclarando la cantidad de ideas que el grupo haya generado. Dadas las estrictas limitaciones de este tipo de ejercicios, el coordinador tiene que equilibrar cuidadosamente el tiempo dedicado a imaginar un mundo futuro y a «vivir» en él; es decir, a explorar cómo el futuro imaginado podría afectar realmente a las empresas y a la industria de los participantes.

Evidentemente, un taller breve como este no debería utilizarse para definir una estrategia; eso requiere una verdadera planificación de escenarios. Pero hemos comprobado que este tipo de ejercicios funcionan bien para desbloquear el pensamiento limitado sobre el futuro, para neutralizar la falacia narrativa de Kahneman y para poner en marcha una conversación sobre estrategia con tu equipo.

LEONARD M. FULD

Es presidente de LMF Services y fundador y director general de Fuld + Company, una consultoría global que proporciona información competitiva a través de sus servicios de investigación y asesoramiento. Su libro más reciente es *The Secret Language of Competitive Intelligence*.

Capítulo 22

Transmite una visión corporativa a tu equipo

Kelly Decker y Ben Decker

Un directivo al que llamaremos Amit supervisa un equipo de cuarenta personas en todo el mundo para una gran empresa tecnológica. Después de que su equipo pasara meses trabajando intensamente en un nuevo producto para ser el primero en salir al mercado, el jefe de Amit le dijo que la estrategia de la empresa había cambiado. Los planes de lanzamiento del producto se retrasaron, y los competidores empezaron a acaparar cuotas de mercado. El equipo se sintió desmoralizado. En lugar de celebrar el lanzamiento, se vieron inmersos en más negociaciones de contratos, retos tácticos y llamadas de seguimiento. Dudaban de la nueva estrategia. Amit tenía que devolverles la confianza y la motivación. Tenía que transmitir otra perspectiva.

Aclaremos algo. La gran tarea de Amit no era establecer la visión. En este caso, la estrategia de producto había cambiado desde la cúspide. Su trabajo era traducir la visión que tenía la dirección respecto a los cambios, para que su equipo pudiera entender *por qué* las cosas habían cambiado y *cómo* debían reorientar sus esfuerzos. Al fin y al

Adaptado de «Communicating a Corporate Vision to Your Team» en hbr.org, 10 de julio de 2015 (producto #H026YB).

cabo, ahora se les pedía que dejaran de lado todo el trabajo que habían hecho, que volvieran a la mesa de operaciones y que renegociaran esos laboriosos contratos. Sin tener claro el *por qué* y el *cómo*, les resultaría difícil ejecutar la nueva estrategia.

Cabe recordar dos cosas cuando se trata de transmitir una visión organizativa a tu equipo. En primer lugar, adapta tu mensaje. Un equipo de tecnología tiene unas necesidades diferentes a las de un equipo de marketing. Los líderes son responsables de exponer la misma visión en diferentes mensajes para adaptarlos a las necesidades de cada equipo. En segundo lugar, hay que reforzar el razonamiento lógico con una apelación emocional que sirva de inspiración. Así es cómo conseguirás la aceptación y cambiarás la respuesta del equipo de «tengo que» a «quiero que».

Hemos desarrollado un enfoque de la comunicación que desglosa esto en cuatro componentes clave que hay que abordar: oyentes, punto de vista, acciones y beneficios.

Entiende a tus oyentes

Da un paso atrás y piensa en tu equipo. Seguro que conoces bien la lista de participantes, pero las actitudes cambian con el tiempo —por ejemplo, desde el principio de un proyecto hasta el final—. Antes de empezar con la nueva visión, tómate unos minutos para responder a las siguientes preguntas sobre tu equipo:

- ¿Qué saben sobre el estado actual del proyecto, de su objetivo o de su estrategia más amplia? ¿Qué esperan? ¿Qué opinan del equipo y de la organización en este momento?

- ¿Cómo desafiarían esa visión? ¿Qué haría que se opusieran?

- ¿Cómo puedo ayudarles? ¿Qué problemas estoy tratando de resolver para mejorar sus vidas de alguna manera?

Encuentra el filón de tu historia

Con la visión global en mente, ha llegado el momento de desarrollar el punto de vista específico para tu equipo. Piensa en esto como en el *porqué* del mensaje. ¿Qué es lo que quieres que todos sepan? No seas demasiado detallista ni táctico; simplemente busca un elemento motivador, alguna forma de hacer que el equipo asienta con la cabeza y acepte el cambio.

Para su equipo, Amit no podía limitarse a algo tan limitado como: «Tenemos que negociar nuevos contratos para los nuevos cambios de nuestro producto». Sí, ese era un elemento clave —¡y necesitaba motivación!—, pero esa no era una visión inspiradora. En vez de eso, tenía que hacerla más grande: «Nuestro producto actual corría el enorme riesgo de convertirse en una mercancía. Nuestros productos nunca han sido productos básicos. Debemos posicionarnos siempre como líderes en esta área».

Señala el camino

Una vez que hayas desarrollado tu punto de vista, es el momento de que te centres en el siguiente reto: convertir la nueva perspectiva en acción, o indicar a tu equipo la dirección correcta para que puedan hacer algo. No es necesario establecer todos los pasos que conducen al objetivo final, pero sí hay que ser específico y establecer puntos de referencia y plazos. Las acciones a realizar tienen que ser concretas, programadas y medibles para allanar el camino hacia la visión para que el equipo pueda verla realmente. Por ejemplo, el equipo de Amit tenía mucho trabajo que realizar durante el siguiente trimestre. Para que empezaran a renegociar los contratos inmediatamente, pidió a cada uno de ellos que programaran reuniones con tres partes interesadas clave para el final de la semana.

Dales una razón para creer

Para que tu equipo respalde esa visión, tu mensaje también tiene que abordar lo que les beneficia a cada uno de ellos. Con demasiada frecuencia ofrecemos una lista de beneficios generales que están demasiado alejados de las situaciones de la vida real de las personas como para motivarlas. Un mejor retorno de la inversión, un mayor crecimiento de los ingresos y una mayor satisfacción de los clientes son excelentes puntos para la organización, pero no significan tanto para nosotros como individuos. Los jefes de equipo tienen que hacer todo lo posible para que el beneficio repercuta sobre los individuos. La mejor manera de hacerlo es estableciendo una conexión entre las dos esferas (general y personal). Volviendo a la forma en que describió a su equipo, Amit podría apelar al orgullo de su equipo por liderar el sector o a los galardones que añadirían a sus vitrinas de trofeos profesionales: «Mirad lo que vais a crear». Este enfoque individual toca la sensibilidad de las personas y les hace reaccionar. Al fin y al cabo, la lógica nos hace pensar; la emoción nos lleva a actuar.

La emoción también puede surgir de analogías, historias o ejemplos concretos que ilustren cómo será el éxito. Como describen Chip y Dan Heath en su libro *Switch*, hay que crear lo que se podría denominar postal de destino, o «una imagen vívida del futuro cercano que muestre lo que podría ocurrir». Describe exactamente cómo será el éxito para tu equipo, para que todos visualicen el mismo objetivo. Deben llegar a las mismas respuestas para preguntas como: ¿Cómo se sentirán los clientes cuando utilicen el producto? ¿Qué dirán los analistas? ¿Qué opinan los altos cargos? ¿Qué dicen las *valoraciones y las reseñas?*

Para conseguir la aceptación de su equipo, Amit tuvo que ser más transparente sobre las razones por las que la empresa estaba cambiando al nuevo plan. También tenía que demostrar que estaba escuchándolos. Así que explicó de qué manera los puntos fuertes y las contribuciones individuales de los miembros del equipo les harían avanzar. Este enfoque ayudó al equipo de Amit a sentirse de nuevo orgullosos y comprometidos. El cambio de moral se notó en los correos electrónicos y en las reuniones de control. El equipo empezó a recuperar su fuerza (el cuadro «Cómo transmitir una visión organizativa a tu equipo» destaca el lenguaje que Amit utilizó para motivar a su equipo en la empresa tecnológica).

CÓMO TRANSMITIR UNA VISIÓN ORGANIZATIVA A TU EQUIPO

Cuatro pasos para pasar a la acción

Ejemplo de la nueva visión de la empresa: «Estamos cambiando nuestro enfoque a la nube, en lugar de desarrollar servicios separados para cada cliente».

1. **Piensa en tu público.** ¿Qué es lo que más les importa? *«A tu equipo de desarrollo de productos les importa el resultado final; quieren estar orgullosos del producto que han construido».*

2. **Adapta el mensaje a sus necesidades.** ¿Cómo les afecta la nueva perspectiva? *«Nuestro objetivo es ser siempre los líderes del sector. Un servicio basado en la nube es la mejor manera de conseguirlo».*

3. **Establece los pasos de acción.** ¿Cuáles son los objetivos y plazos concretos y medibles? *«Nuestra primera tarea importante es reunirnos con los principales interesados y obtener su opinión sobre el nuevo diseño antes del final de la semana».*

4. **Implícalos emocionalmente.** ¿Cómo se beneficiarán al final? *«Esto dinamizará muchos de tus trabajos futuros, y tu nombre quedará ligado para siempre al éxito de este proyecto».*

Fuente: Ben Decker y Kelly Decker, *Communicate to Influence* (McGraw-Hill Education, 2015).

Como líder del equipo, no siempre eres tú quien establece la gran visión general, pero tu rol —comunicándola y proyectándola de forma que motive a tu equipo— es esencial. Conseguir que tu equipo vea la importancia de su propio trabajo reflejado a nivel organizativo les mantendrá motivados y productivos, especialmente en tiempos de cambio. Además, hará que te sientas bien siendo su jefe. Ese es el valor de la nueva perspectiva.

KELLY DECKER Y BEN DECKER

Son expertos en el campo de la comunicación empresarial. Dirigen Decker Communications, una empresa de ámbito mundial que forma y entrena a decenas de miles de ejecutivos al año. Son coautores de *Communicate to Influence: How to Inspire Your Audience to Action*, que comparte historias y consejos reales de la alta dirección aplicables a todos nosotros.

Parte 7

Pasa de pensar estratégicamente a ejecutar la estrategia

Capítulo 23

La ejecución es un problema de las personas, no de estrategia

Peter Bregman

A Paul, director general de Maxreed, una empresa editorial a escala mundial, le costaba conciliar el sueño. (Los nombres y algunos detalles de esta historia se han cambiado para proteger su privacidad). El sector editorial es una industria que está cambiando incluso más rápido que la mayoría de las industrias que cambian rápidamente, pero lo que a Paul le quitaba el sueño no era su estrategia. Tenía un sólido plan que hacía uso de las nuevas tecnologías, y tanto el consejo de administración como su equipo directivo se habían alineado en torno a él. Paul y su equipo ya habían reorganizado la estructura para fortalecer su estrategia: nuevas divisiones, funciones revisadas y procesos rediseñados.

Entonces, ¿qué le preocupaba a Paul? La gente.

Eso es exactamente lo que *debería* preocuparle. Por muy difícil que sea diseñar una estrategia inteligente, es diez veces más difícil conseguir que la gente la ejecute. Y una estrategia mal desarrollada, por muy inteligente que sea, no sirve para nada.

Adaptado de «Execution Is a People Problem, Not a Strategy Problem» en hbr.org, 4 de enero de 2017 (producto #H03DWS).

FIGURA 23-1

La Gran Flecha

Pasar de (a) a (b) para alinear a tu equipo con aquello que consiga dar impulso a la estrategia es el trabajo más importante.

a. Empleados no alineados y no enfocados

b. Empleados alineados y enfocados

En otras palabras, el mayor reto estratégico de una organización no es el pensamiento estratégico, sino la *actuación estratégica*.

Tienes que conseguir que tus empleados trabajen juntos en la misma dirección estratégica. Si tuviera que representar este reto gráficamente, sería como pasar de la figura 23-1a, en la que los empleados trabajan en direcciones diferentes y apuntan hacia prioridades distintas, a la figura 23-1b, en la que los empleados están alineados y se dirigen hacia el mismo objetivo, lo que yo llamo la Gran Flecha.

El problema es cómo pasar del primer gráfico al segundo. La mayoría de las organizaciones confían en los planes de comunicación para realizar ese cambio. Desgraciadamente, la *comunicación* de la estrategia, aunque se haga a diario, no es lo mismo que la *ejecución* de la estrategia, y no basta para fomentarla. Porque mientras el desarrollo de una estrategia y la comunicación consisten en *saber* algo, la ejecución de una estrategia consiste en *hacer* algo. Y la diferencia entre lo que se sabe y lo que se hace suele ser enorme. Si se añade la necesidad de que todos actúen en consonancia con los demás, la diferencia es aún mayor.

La razón por la que la ejecución de la estrategia es a menudo ignorada incluso por los consultores de estrategia más astutos, es porque, fundamentalmente, no es un reto relacionado con la estrategia. Es un reto relativo al comportamiento humano.

Para obtener resultados óptimos, las personas deben estar hiperalineadas y centrarse en las acciones de mayor impacto que impulsarán la obtención de los resultados más importantes para la organización. Pero incluso en organizaciones estables y bien dirigidas, las personas están poco alineadas, tienen un foco demasiado difuso y trabajan con propósitos contradictorios.

Alinear a las personas no es fundamental solo para una empresa de un sector cambiante como el de Paul. También es imprescindible para las *startups* de rápido crecimiento. Y para las empresas en situaciones de cambio. También para las que tienen un nuevo liderazgo. En cualquier momento en el que sea fundamental centrarse en la estrategia —y cuándo no lo sea—, la pregunta estratégica más importante que hay que responder es: ¿Cómo podemos alinear los esfuerzos de todos y ayudarle*s a realizar el trabajo más importante de la organización?*

Esa es la pregunta que me hizo Paul. A continuación, se presenta la solución que pusimos en práctica con él en Maxreed. Este es el proceso de la Gran Flecha, que representa mi mejor pensamiento tras veinticinco años experimentado con este reto.

Define la Gran Flecha

Trabajamos con Paul y un pequeño grupo de sus directivos para identificar el resultado más importante que Maxreed debía lograr en los siguientes doce meses. Su Gran Flecha tenía que ver con la creación de una estrategia y una hoja de ruta de productos que contara con el apoyo de todo el equipo directivo. Lo más difícil es llegar a *ese* importante resultado, pues sería un catalizador para fomentar el resto de la estrategia.

Una vez definida la Gran Flecha, la probamos con una serie de preguntas. Si respondes afirmativamente a cada una de estas preguntas, es probable que tu Gran Flecha esté en el punto de mira:

- ¿El éxito en la Gran Flecha fomentará la misión más importante de la organización?

- ¿Apoya y respalda la Gran Flecha tus principales objetivos empresariales?

- ¿Conseguirlo supondrá una declaración para la organización sobre lo que es más importante?

- ¿Llevará a la ejecución de tu estrategia?

- ¿Es el recorrido adecuado?

- ¿Te entusiasma? ¿Te emocionaría lograr tal reto?

Paralelamente a la claridad respecto a los resultados, también aportamos claridad respecto al comportamiento, identificando la conducta que permitiría alcanzar dichos resultados. En el caso de Maxreed, el comportamiento consistía en colaborar con confianza y transparencia. Lo determinamos formulando una pregunta clave: ¿Qué comportamiento actual vemos en la organización que *está dificultando la conducción de la Gran Flecha y que ralentiza el éxito?* A continuación, propusimos el comportamiento opuesto, que se convirtió en nuestra Gran Flecha.

Identifica a las personas de mayor impacto

Una vez que la Gran Flecha estuvo clara, trabajamos con Paul y su asesor de Recursos Humanos para identificar quiénes eran las personas primordiales para lograr el objetivo. Esto es fundamental, ya que hay que centrar los esfuerzos y los recursos en las personas que más influyen en el objetivo. En el caso de Maxreed, identificamos a diez personas cuyas funciones eran fundamentales para el proyecto, que ya tenían autoridad en la organización y que estaban muy conectadas. Con otros clientes, hemos identificado a muchas más personas en todos los niveles de la jerarquía. Cuando pienses en quiénes podrían ser las personas adecuadas, hazte las siguientes preguntas: ¿Quién tiene la mayor capacidad de influir en el impulso de la flecha? ¿Quién es una persona influyente en la organización? ¿Quién tiene un gran impacto en cuanto a los resultados o en cuanto al comportamiento necesario para conseguir nuestra Gran Flecha? Has de elegir a esas personas.

Determina cuál tiene que ser el foco de atención

Una vez elegidas las personas clave, trabajamos con cada una de ellas y con sus responsables para determinar:

- Su contribución clave para hacer avanzar la Gran Flecha.

- La fortaleza que le permitirá hacer su contribución más importante.

- El factor de transformación, es decir, lo que, si la persona mejora, conseguirá aumentar aún más su capacidad para realizar su contribución clave.

Entre otros aspectos, este proceso tiene éxito gracias a su simplicidad. Por eso nos hemos centrado en un punto fuerte y en un factor de transformación crítico. La ejecución de la estrategia tiene que estar enfocada con precisión, ya que uno de los mayores impedimentos para avanzar en este trabajo tan importante es tratar de conseguir el impulso en el conjunto de nuestras actividades. La simplicidad requiere que tomemos decisiones. ¿Qué tendrá el mayor impacto? Entonces hacemos que esa cosa suceda.

Celebra sesiones de coaching focalizadas

Una vez que nos aseguramos de que las personas adecuadas tenían el enfoque correcto, realizamos sesiones de coaching individualizadas de treinta minutos de duración. El coaching se utiliza a menudo en las organizaciones para mejorar las habilidades de los líderes, pero este tipo de coaching no se centra en eso. En este caso, los individuos recibieron coaching para centrarse en avanzar claramente en su contribución clave a la Gran Flecha. Estas conversaciones solo se centran en patrones de comportamiento más amplios en la medida en que se interponen en la tarea que se está llevando a cabo.

Recoge datos y compártelos

Como estábamos asesorando a varias personas, tuvimos que mantener una estricta confidencialidad con los individuos que estaban siguiendo las sesiones de coaching a la vez que recogíamos datos sobre las tendencias y los obstáculos organizativos a los que se enfrentaban, los cuales comunicamos a Paul y a su equipo de liderazgo. No se trataba solo de datos relativos a entrevistas y opiniones, sino que representaban los obstáculos reales que impedían a las personas más válidas de Maxreed impulsar las prioridades de la empresa.

Uno de los principales retos que descubrimos fue la falta de colaboración interdisciplinar. Con esta información, Paul pudo abordar este problema directamente, reuniendo a las personas clave en una sala y hablando abiertamente sobre el tema. Finalmente, puso en marcha un nuevo proceso de Gran Flecha interfuncional, que incluía a los líderes de los grupos que no estaban colaborando. Identificar lo que debían lograr juntos derribó los muros entre los grupos.

Amplifica el impacto

Mientras Paul eliminaba los obstáculos de la organización, los coaches seguían ayudando a las personas más importantes de Maxreed a superar aquellos obstáculos y retos particulares a los que se enfrentaban para realizar su contribución clave. Los coaches abordaron los retos típicos con los que la gente lucha al ejecutar la estrategia: cómo comunicar las prioridades, cómo tratar con alguien que se resiste, cómo influir sobre alguien que no depende de ti, cómo decir no a las distracciones, etc. El coaching priorizó ayudar a las personas a establecer relaciones en sus propios equipos y con otros externos, lo que fue respaldado por los datos y el comportamiento clave de la Gran Flecha de colaborar con confianza y transparencia. Las personas se alinearon con los objetivos de la organización para propiciar el crecimiento y el éxito continuos.

Mientras el proceso de la Gran Flecha estaba en marcha, enviamos una encuesta a las personas que recibían la formación, así como a otras personas ajenas al programa, para evaluar los progresos realizados por los colaboradores clave. En comparación con antes del coaching, los colaboradores principales, ¿son más o menos eficaces en su contribución clave, en la consecución de los resultados de la Gran Flecha y en el tratamiento de su cambio de juego? Hubo 98 respuestas a la encuesta:

Contribución clave: el 90% dijo que era más eficaz o mucho más eficaz.

Gran Flecha: el 88% dijo que era más eficaz o mucho más eficaz.

Cambio de rumbo: el 84% dijo que era más eficaz o mucho más eficaz.

Es decir, los colaboradores clave estaban consiguiendo mucha energía para hacer avanzar el trabajo más importante de la organización, su estrategia clave. Estos datos fueron confirmados por las propias observaciones de Paul sobre el progreso que tenían en su resultado de la Gran Flecha: una estrategia y hoja de ruta de productos que es validada por todo el equipo de liderazgo. Tal vez lo más importante sea que toda la organización, en general, lo estaba notando. Así es cómo se inicia un movimiento.

Paul sigue trabajando duro para continuar con el impulso del cambio estratégico. En realidad, de eso se trata: la ejecución de una estrategia no es un momento en el tiempo. Son miles de momentos a lo largo del tiempo. Pero ahora, al menos, está sucediendo.

PETER BREGMAN

Es director general de Bregman Partners, una empresa que ayuda a los clientes a conseguir un impulso decisivo en su trabajo más importante a través del proceso Gran Flecha y como coach y asesor de directores generales y sus equipos de liderazgo. Es el autor del éxito de ventas *18 Minutes*; su libro más reciente es *Four Seconds*.

Capítulo 24

Cómo triunfar tanto en la estrategia como en su ejecución

Paul Leinwand y Joachim Rotering

Durante décadas hemos enmarcado a los líderes en dos grandes categorías, dos modelos populares: los «visionarios», que abrazan la estrategia y piensan en cosas increíbles que hacer, y los «operadores», que hacen las cosas. Intuimos que debe haber líderes que abarquen bien las dos áreas, pero en realidad pocos lo hacen. Según una encuesta mundial realizada entre setecientos ejecutivos de diversos sectores por Strategy&, el departamento de consultoría estratégica de PwC, solo el 8% de los líderes de las empresas destacan tanto en la estrategia como en su ejecución.

No se puede elegir entre estrategia o ejecución

Es posible que pienses que se puede alcanzar el éxito destacando como estratega o como ejecutor individualmente, que los grandes visionarios pueden cambiar la forma de ver el mundo o que los brillantes operadores pueden acabar superando a los competidores. Pero nuestra experiencia y nuestras investigaciones sugieren que aquellos tiempos en los que

Adaptado de «How to Excel at Both Strategy and Execution» en hbr.org, 17 de noviembre de 2017 (producto #H040X2).

estrategia y ejecución eran dos temas que circulaban por carriles separados ya han pasado a la historia: necesitamos a líderes que puedan hacer grandes promesas a los clientes y que ayuden a sus organizaciones a cumplirlas.

Pensemos en Starbucks. El director ejecutivo, Howard Schultz, emprendió una aspiración muy ambiciosa para la empresa: ser mucho más que un simple vendedor de café. Quería que Starbucks fuera un «tercer lugar» de convivencia, además del hogar y el lugar de trabajo. Si visitas un Starbucks en cualquier parte del mundo, encontrarás el mismo ambiente siempre: cómodo y acogedor. Pero no lo consiguió simplemente diciendo al personal que fueran «cálidos y amables».

Starbucks ha sido capaz de cumplir su misión porque esa misión está estrechamente vinculada a las capacidades distintivas de la empresa. La atmósfera de los establecimientos de Starbucks no se crea simplemente por su diseño y su decoración, sino que es el resultado de que las personas que están detrás del mostrador conocen a la perfección el concepto y valores de Starbucks y cómo su trabajo forma parte de un objetivo común, y saben cómo se logran grandes resultados avanzando conjuntamente y sin la necesidad de ceñirse a un guion.

A lo largo de muchos años, Starbucks ha estado fomentando un enfoque basado en las relaciones, «primero los empleados». Fue Schultz quien dijo: «Puedes entrar en [cualquier tipo de tienda minorista] y sentir si el propietario, el comerciante o la persona que está detrás del mostrador siente apego por su producto. Si hoy entras en unos grandes almacenes, probablemente estarás hablando con un tipo que no está formado para ello: ayer vendía aspiradoras y ahora está en la sección de ropa. Simplemente no funciona».

Schultz se aseguró de que Starbucks fuera diferente. A los trabajadores se les llama «socios» en lugar de empleados, e incluso el personal a tiempo parcial (en Estados Unidos) tiene opciones de comprar acciones y de seguro médico. En plena crisis financiera mundial, cuando otras empresas recortaban los costes de recursos humanos siempre que podían, Starbucks invirtió en la formación de su personal, incluyendo degustaciones de café y cursos que, en última instancia, cualificaban a los empleados para obtener créditos en instituciones de educación superior. Más allá de los empleados, gran parte de lo que se ve y se experimenta en Starbucks ha sido bien planteado para cumplir la misión de la empresa, desde la música que se escucha hasta el mobiliario seleccionado. Incluso los baños en Starbucks son elementos estratégicos, ya que contribuyen a que los clientes disfruten en su día a día de su estancia en el «tercer lugar».

Los líderes como Howard Schultz no solo tienen la capacidad de ser buenos visionarios y operadores, sino que valoran profundamente la conexión entre las dos habilidades. Consideran que están inextricablemente unidas, ya que una visión audaz debe incluir *tanto* un destino muy ambicioso *como* un camino bien concebido para ejecutarlo que te lleve hasta allí. Esto es aún más importante hoy en día, cuando es tan difícil que una empresa destaque. Diferenciarse requiere cada vez más un pensamiento innovador y el uso de áreas de conocimiento muy específicas —como el diseño exitoso de Apple, una capacidad que no se habría priorizado en la mayoría de las empresas tecnológicas antes de que Steve Jobs lo hiciera—.

Los líderes que dominan tanto la estrategia como su ejecución empiezan por crear una estrategia audaz pero ejecutable. A continuación, se aseguran de que la empresa esté invirtiendo en ese cambio. Y, por último, se aseguran de que toda la organización esté motivada para emprender el rumbo marcado.

Pregúntate en qué es buena tu empresa

El desarrollo de una estrategia audaz, y ejecutable, empieza por asegurarse de que los líderes han abordado estas preguntas: «¿En qué somos excelentes?» y «¿Qué somos capaces de lograr?», en lugar de elaborar grandes planes y pedir a los equipos funcionales y de las unidades de negocio que hagan todo lo posible para ejecutarlos. La estrategia consiste en identificar con precisión aquellas virtudes que diferencian a la empresa de las demás y que le permiten sobresalir.

Comprobar que la empresa está invirtiendo parte de su presupuesto a favor del cambio significa que los líderes de la compañía asumen que esa inversión es una de las herramientas más importantes para cerrar la brecha entre la estrategia y la ejecución. Por ese motivo, el dinero invertido no es una variable puntual que haya que gestionar; es una inversión para hacer bien las cosas prioritarias. Pero rara vez los presupuestos van estrechamente vinculados a la estrategia. Si tu empresa se limita a incrementar o reducir el presupuesto en unos pocos puntos porcentuales, pregúntate si las inversiones se corresponden realmente con los objetivos más importantes.

La motivación de las personas es una herramienta muy poco utilizada para cerrar la brecha entre una estrategia y su ejecución. Los grandes líderes saben que el éxito depende del conjunto de habilidades específicas de los individuos que, combinadas de forma singular, consiguen acometer las desafiantes tareas necesarias para ejecutar de la estrategia. Pero, hoy en día, la mayoría de los empleados ni siquiera entienden qué relación tiene su trabajo con una estrategia. En una reciente encuesta realizada por Strategy& a quinientos cuarenta ejecutivos, directivos y no directivos, solo el 28% de los empleados dijo sentirse plenamente implicado con el propósito y la finalidad de su organización. Articular una estrategia en base a las personas —qué capacidades necesitará desarrollar la empresa y qué habilidades se requieren para ello— no solo ayuda a la organización a centrarse en cómo desarrollar el talento adecuado, sino que permite a cada individuo comprender cómo encaja su papel en la estrategia global y contemplar su trabajo desde esta perspectiva, de manera mucho más integrada.

Preguntas para aunar una estrategia y su ejecución

¿Cómo se combinan una estrategia y su ejecución? A continuación, se exponen algunas preguntas que deben formularse y que abarcan las tres etapas del proceso continuo que va desde la estrategia hasta su ejecución. Adentrarse en estas tres áreas permitirá que los líderes puedan dar un gran paso adelante para cerrar la brecha entre la estrategia y su ejecución:

1. **Construir una estrategia**

   - ¿Tienes claro cómo aportas un valor a tus clientes que otros no les ofrecen, y qué capacidades específicas hacen que sobresalgas en esa oferta de valor?

   - A la hora de desarrollar las estrategias, ¿utilizas el enfoque clásico de «construye la estrategia, luego piensa en su ejecución», o te preguntas si tienes las capacidades necesarias —o puedes crear las capacidades necesarias— para ejecutar la estrategia?

   - Cuando te enfrentas a la inestabilidad, ¿estás influyendo en el mundo que te rodea con tus propias fortalezas, o estás esperando a que se produzca el cambio y, por tanto, sigues las normas que otros imponen?

2. **Aplicar la estrategia en el día a día**

   - ¿Estás siguiendo con diligencia lo que has decidido? Hay que tener muy claro cuál es la estrategia y qué se necesita para tener éxito, y transmitirlo para que todos los miembros de la organización entiendan lo que deben hacer.

   - ¿Existen programas visibles —por ejemplo, nuevas tecnologías específicas, nuevos procesos o programas de formación— para crear las capacidades clave que tu organización necesita para tener éxito con su estrategia?

- ¿Estás estableciendo conexiones específicas entre la estrategia y el proceso presupuestario para reasignar los fondos allí donde son más necesarios? ¿Dispones de mecanismos que traduzcan la estrategia en objetivos y recompensas personales para los directivos y los empleados?

3. **Ejecutar la estrategia**

- ¿Estás motivando a los empleados cada día para que entiendan de qué modo lo que están haciendo se conecta con los mecanismos estratégicos importantes en los que te has centrado?

- ¿Permites a los empleados colaborar entre sí para abordar los retos transversales que permiten el desarrollo óptimo de la empresa?

- ¿Estás haciendo un seguimiento no solo de tu rendimiento, sino de cómo estás construyendo y ampliando esas capacidades específicas que te permiten dar ese valor añadido a los clientes que los otros no pueden ofrecerles?

- ¿Tu equipo directivo está comprometido con la ejecución de la estrategia no solo midiendo los resultados, sino desafiando constantemente a la organización y apoyándola en la mejora de sus capacidades clave? ¿Estás definiendo con suficiente claridad los objetivos de tu equipo, y el plazo para ejecutarlo?

Creemos que las empresas que pueden tener éxito en su estrategia a través de la ejecución juegan con una enorme ventaja. Los líderes que son capaces de ser tan visionarios como operadores, y de alternar entre estas dos habilidades, son quienes pueden convertir sus organizaciones en sobresalientes.

Paul Leinwand

Es director mundial de Estrategia y Crecimiento basado en las Capacidades, en Strategy&, el negocio de consultoría estratégica de PwC. Es director de PwC Estados Unidos. También es coautor de varios libros, entre ellos: *Strategy That Works: How Winning Companies Close the Strategy-to-Execution Gap* (Harvard Business Review Press, 2016).

Joachim Rotering

Es el líder mundial de Strategy& y el líder para Europa, Oriente Medio y África. Es director general de PwC Strategy& (Alemania) y trabaja principalmente con clientes de los sectores petrolero, químico y siderúrgico.

Capítulo 25

Cómo los equipos más exitosos superan la brecha entre la estrategia y su ejecución

Nathan Wiita y Orla Leonard

El desfase entre una estrategia y su ejecución es un problema persistente que no tiene fácil solución. Como dice el proverbio japonés: «La visión sin acción solo es un sueño. La acción sin visión solo es pasar el tiempo». Paul Leinwand y sus coautores, tanto en el capítulo 24 de este libro como en otras publicaciones, han esbozado lo que los líderes de alto nivel deben hacer para cerrar la brecha entre una estrategia y su ejecución. Nos basamos en esta investigación para ir más allá de la perspectiva individual del líder, para analizar cómo los equipos más exitosos salvan esa brecha. Queríamos desentrañar el *cómo*, identificando lo que distingue a estos equipos: en qué invierten su tiempo y qué comportamientos clave adoptan. Para ello, hemos examinado a qué dedican su tiempo cuarenta y nueve equipos de liderazgo empresarial y también observamos el grado de eficiencia en relación a las tareas prioritarias que tenían asignadas. También respondieron a los ítems relativos al modelo de Leinwand (*et al.*), como se detalla a continuación.

Adaptado de «How the Most Successful Teams Bridge the Strategy-to-Execution Gap» en hbr.org, 23 de noviembre de 2017 (producto #H0414W).

Comprometerse con una identidad. El primer principio del modelo es que una organización debe comprometerse con una identidad, y todos los miembros deben compartir su oferta de valor y sus rasgos distintivos. En resumen, la organización debe comprometerse a centrarse en lo prioritario, y luego ha de ir a por ello. Descubrimos que los principales factores de diferenciación de los equipos de alto rendimiento son:

- Dedican casi un 20% más de tiempo —en comparación con los equipos de bajo rendimiento— a la elaboración de su estrategia; es decir, a traducir una visión de alto nivel en objetivos claros y factibles.

- Dedican un 12% más de tiempo a alinear a la organización en torno a esa estrategia a través de frecuentes comunicaciones internas y de transmitir un mensaje coherente de arriba abajo en la organización.

De hecho, nuestra experiencia con equipos de alto nivel corrobora estos datos. Es decir, hemos comprobado que los equipos que sobresalen en este ámbito son los que estructuran la estrategia en objetivos claros y prácticos, y luego los transmiten en cascada mediante una comunicación eficaz.

Traducir la estrategia en procesos y funciones cotidianas. Nuestro análisis de cómo emplean su tiempo los equipos de alto rendimiento muestra que, para esta dimensión:

- Los equipos de alto rendimiento dedican más de un 25% de tiempo a centrarse en el funcionamiento de la empresa que el que dedican sus compañeros de menor rendimiento. Es un tiempo dedicado a establecer indicadores financieros y operativos, a encajar los objetivos con la estrategia general, a asignar recursos y a revisar los indicadores clave.

- Los equipos de alto rendimiento dedican un 14% más de tiempo a comprobar su progreso respecto a los objetivos estratégicos, revisando los indicadores clave y adaptando los recursos si es necesario.

Los equipos directivos con más éxito crean una membrana permeable entre los objetivos de la organización y sus actividades cotidianas. También son dinámicos a la hora de cambiar de rumbo si las necesidades del negocio varían, y están más preparados para modificar los recursos de la organización y, así, garantizar la ejecución de su estrategia.

Concentrarse en factores culturales propios que impulsan al éxito. Esta idea lleva implícita el no caer en la tentación de promover programas tradicionalmente centrados en las deficiencias o los puntos débiles. Se trata de un área en la que las evidencias presentan un panorama más complejo.

- Los equipos de alto rendimiento dedican un 28% más de tiempo a involucrar a la organización en un diálogo continuo sobre los factores activadores de la ejecución de la estrategia y las barreras que la limitan. Esto incluye foros para que los empleados expresen sus preocupaciones a través de encuestas —por ejemplo, el compromiso de los empleados— y del diálogo cara a cara.

- Esos mismos equipos invierten casi un tercio más de tiempo en optimizar las capacidades de talento revisando los planes de desarrollo, asegurándose de que los planes de sucesión están en marcha y evaluando los planes de compensación para ser competitivos.

Nuestros datos sugieren que el planteamiento de aprovechar las fortalezas corporativas es encomiable y eficaz, pero las organizaciones que constantemente revisan y cuestionan sus hábitos sobre la cultura y el liderazgo organizacional son las que llevan la delantera. No basta con centrarse solo en los puntos fuertes.

Los estudios académicos, así como nuestra experiencia en consultoría, muestran que la capacidad de priorizar es un factor clave para el éxito de un equipo de liderazgo empresarial. No es una tarea fácil, dadas las constantes y abrumadoras demandas que tienen la mayoría de los equipos. ¿Qué indican nuestros datos sobre *cómo* los equipos se encargan de ello?

- Los equipos de alto rendimiento, en comparación con los de bajo rendimiento, dedican un 54% más de tiempo a definir un rumbo, elaborando una perspectiva que sirva de guía para tomar las decisiones relativas a los recursos.

- Cuando se trata de la ejecución de la estrategia, los equipos con menor rendimiento dedican un asombroso 83% más de tiempo apagando fuegos y tratando los problemas a nivel táctico, en lugar de a nivel estratégico.

Nuestros equipos de alto rendimiento en esta área también se calificaron a sí mismos como un 36% más eficaces a la hora de priorizar y secuenciar iniciativas que los de menor rendimiento. Nuestra experiencia nos dice que una pieza crítica en la priorización puede ser tan simple como determinar cuándo se reúne el equipo y qué temas discute. Asegurarse de que el equipo superior esté a la altura de las circunstancias, creando un ritmo constante hacia las prioridades, evitará distracciones y consolidará un estrecho vínculo entre la estrategia y su ejecución.

Dar forma al futuro. Los equipos de alto rendimiento consiguen moldear el futuro, en lugar de estar siempre en modo reactivo en el presente. ¿Cómo lo hacen?

- Dedican un 25,3% más de tiempo a cooperar con las partes interesadas de alto nivel, identificando sus necesidades y gestionando sus expectativas.

- Como es lógico, aunque es más fácil decirlo que hacerlo, los equipos de alto rendimiento dedican un 13,2% más de tiempo a planificar el futuro estableciendo una dirección, creando una visión de futuro y definiendo su estrategia.

- Por último, moldean el futuro respondiendo al cambio en el presente —un 20,7% más eficazmente que los equipos de menor rendimiento—, posicionando a la empresa para el éxito futuro. Esto es coherente con gran parte de los estudios que hablan de la importancia del dinamismo en los equipos de alto rendimiento.

¿Cómo podrías cerrar la brecha entre la estrategia y su ejecución en tu propia empresa? Creemos que trabajar de forma intencionada sobre cómo y en qué debe invertir el tiempo tu equipo es un mecanismo clave para obtener buenos resultados.

¿Por dónde has de empezar? Si observamos nuestros hallazgos, los equipos que obtuvieron buenos resultados en las áreas de la estrategia y su ejecución habían hecho lo siguiente:

- Dedicaron más tiempo a la elaboración de las estrategias y a traducirlas en objetivos factibles.

- Dedicaron más tiempo a implicar a la organización, sacando a la luz los obstáculos y las necesidades insatisfechas y comunicando el rumbo y las pautas de comportamiento.

- Dedicaron más tiempo interactuando con los principales interesados para determinar, y anticipar, qué obstáculos y oportunidades había.

- Dedicaron menos tiempo a apagar fuegos.

Echa un vistazo a las órdenes del día de las reuniones de tu equipo de los últimos 6 o 12 meses. A continuación, hazte las siguientes preguntas:

- ¿Qué porcentaje del tiempo del equipo se dedicó a rebatir, o resolver, problemas que podrían haberse resuelto en el nivel inferior? ¿Cuánto tiempo se invirtió en los asuntos estratégicos más importantes?

- ¿Cuánto tiempo ha dedicado el equipo a pensar de forma proactiva en el futuro de nuestro sector, en nuestro modelo de negocio, en el panorama normativo y en nuestros consumidores?

- ¿Qué porcentaje de tiempo dedicó el equipo a comprometerse, y alinearse, con la organización? ¿Y con las partes interesadas clave? ¿Tiene el equipo un buen control de sus necesidades manifiestas y latentes?

Quizá lo más importante sea preguntarse: «¿Hemos ejecutado con éxito nuestra estrategia?».

NATHAN WIITA

Es director y responsable de Investigación e Innovación en RHR International.

ORLA LEONARD

Es socia y consultora líder de la Eficacia de los Equipos Superiores en RHR International.

Capítulo 26

Consigue que tu equipo cumpla con sus promesas

Heidi Grant

Supongamos que te encuentras en las primeras fases de planificación del presupuesto de tu departamento para el próximo año. Tu equipo de dirección se reúne para establecer las prioridades a corto plazo, y empiezas a pensar en la asignación de recursos a largo plazo. Identifican los próximos pasos y deciden volver a reunirse dentro de una semana; pero, cuando lo hacen, descubren que han avanzado muy poco. ¿A qué se debe tal retraso? Probablemente, tu lista de tareas pendientes sea algo similar:

Paso 1: Elaborar un presupuesto provisional para las operaciones en curso.

Paso 2: Aclarar el rol del departamento en las próximas iniciativas corporativas.

Esos pasos pueden ser lógicos, pero son ineficaces porque omiten detalles esenciales. Incluso el primero, que es relativamente sencillo, plantea más preguntas que respuestas: ¿Qué datos debe reunir el

Reimpreso de «Get Your Team to Do What It Says It's Going to Do» en Harvard Business Review, mayo de 2014 (producto #R1405E).

equipo para estimar las necesidades de las operaciones en curso? ¿Quién elaborará los informes y cuándo? ¿Qué directivos pueden arrojar más luz sobre las necesidades de recursos? ¿Quién hablará con ellos y adecuará sus opiniones a lo que dicen los números? ¿Cuándo lo hará? ¿Quién evaluará las prioridades que se contraponen y decidirá los *trade-offs* que hay que hacer? ¿Cuándo?

La formulación de unos objetivos que los equipos y las organizaciones puedan conseguir no consiste solo en definir lo que hay que hacer, también hay que detallar los pormenores para lograrlo, porque no se puede asumir que todos los implicados sabrán cómo pasar del concepto a la acción. Utilizar lo que los científicos de la motivación denominan «planificación si... entonces...» para expresar las intenciones de tu grupo y ponerlas en práctica puede mejorar significativamente su ejecución.

Los planes de trabajo «si... entonces...» funcionan porque los imprevistos forman parte de nuestro funcionamiento neurológico. Los seres humanos somos muy buenos codificando la información en términos de «si X, entonces Y» y utilizando esas conexiones —a menudo inconscientemente— para guiar nuestro comportamiento. Cuando las personas deciden exactamente cuándo, dónde y cómo van a cumplir sus objetivos, en su cerebro crean una asociación entre una determinada situación o señal («Si X o cuando X sucede...») y el comportamiento que le corresponde («...entonces haré Y»). De este modo, establecen potentes desencadenantes para la acción.

Más de doscientos estudios nos han enseñado que quienes planifican su vida tienen un 300% más de probabilidades de alcanzar sus objetivos que los demás. La mayor parte de estas investigaciones se centran en los individuos, pero estamos empezando a descubrir un efecto similar en los grupos. Varios estudios recientes indican que la planificación «si... entonces...» mejora el rendimiento de los equipos porque agudiza el enfoque de los grupos y propicia que sus miembros emprendan las actividades clave en el momento oportuno.

Es un dato importante, porque las organizaciones desperdician enormes cantidades de tiempo, dinero, ideas y talento persiguiendo unos objetivos mal expresados. La planificación «si… entonces…» aborda este problema omnipresente al ordenar los detalles minuciosos de la ejecución para los miembros del grupo. Señala las condiciones para el éxito, aumenta el sentido de responsabilidad de todos y ayuda a cerrar la problemática brecha entre el saber y el hacer.

Superar los obstáculos a la ejecución

Peter Gollwitzer, el psicólogo que estudió por primera vez la planificación «si… entonces…» —mi asesor posdoctoral en la Universidad de Nueva York— la ha descrito como la creación de unos «hábitos instantáneos». A diferencia de muchos otros hábitos, estos no se interponen en nuestros objetivos, sino que nos ayudan a alcanzarlos. Veamos un sencillo ejemplo de trabajo.

Supongamos que tus empleados han sido negligentes a la hora de presentar informes de progreso semanales, y les pides que se marquen el objetivo de mantenerte mejor informado. A pesar de la buena voluntad de todos, la gente está bastante ocupada y siguen sin hacerlo. Así que les pides que hagan un plan «si… entonces…»: «Si son las dos de la tarde del viernes, entonces enviaré por email un breve informe de progreso a Susan».

Ahora, en sus mentes, la señal «dos de la tarde del viernes» está directamente conectada a la acción «enviar mi informe por email a Susan» —y le va la vida en esa notificación—. De forma inconsciente, sus empleados notan esa señal en su contexto. Como resultado, detectarán y aprovecharán ese momento crítico («son las dos de la tarde del viernes») aunque estén ocupados haciendo otras cosas.

Una vez detectada la parte «si» del plan, la mente activa la parte «entonces». La gente empieza a ejecutar el plan sin tener que pensar en él. Cuando el reloj marca las dos de la tarde del viernes, las manos teclean automáticamente el informe. A veces, somos conscientes de estar cumpliendo una premisa. Pero es un proceso que no tiene por qué ser consciente, lo que significa que es posible seguir avanzando hacia un objetivo —tanto tú como tus empleados— mientras se invierte un tiempo en otros proyectos.

Este enfoque funcionó en estudios controlados: los participantes que crearon planes «si… entonces…» presentaron los informes semanales solo con hora y media de retraso, de término medio. Quienes no los habían creado presentaron sus informes con ocho horas de retraso.

La clave «si… entonces…» es realmente importante, pero también lo es especificar qué hará cada miembro del equipo y cuándo —y, a menudo, dónde y cómo—. Volvamos al ejemplo del presupuesto. Para que a tu equipo le resulte más fácil dar el primer paso, el desarrollo de un presupuesto provisional para las operaciones en curso, puedes crear planes «si… entonces…» de este tipo:

El lunes por la mañana, Jane detallará nuestros gastos corrientes de personal, contratistas y viajes. De lunes a miércoles, Surani y David se reunirán con los directivos de sus grupos para obtener información sobre las necesidades de recursos.

El jueves por la mañana, Phil escribirá un informe que sintetice las cifras y los datos cualitativos de la retroalimentación.

El viernes a las dos de la tarde, los miembros del equipo directivo reevaluarán las prioridades según el informe de Phil y acordarán los trade-offs.

Ahora hay menos espacio para interpretaciones contradictorias. Las tareas y los plazos están claramente definidos. Los directivos y cada miembro de grupo saben de qué son responsables.

¿La sintaxis «si… entonces…» te resulta extraña y rebuscada? Puede que lo sea, ya que no es como solemos expresarnos de forma natural. Pero es muy válida, porque cuando articulamos nuestros objetivos de forma más «natural», algunos detalles importantes de la ejecución se nos pueden pasar por alto. La construcción «si… entonces…» hace que la gente sea más consciente y deliberada en su planificación, por lo que no solo entiende las tareas imprescindibles, sino que las realiza.

Resolver los problemas grupales

Además de ayudar a los directivos a obtener mejores resultados de sus subordinados directos, la planificación «si… entonces…» puede abordar algunos de los retos clásicos a los que se enfrentan los equipos cuando trabajan y toman decisiones conjuntamente. A menudo, los miembros permiten que los sesgos cognitivos oscurezcan su juicio colectivo; por ejemplo, cayendo en trampas como el pensamiento grupal y la fijación de los costes fijos. Nuevos resultados sugieren que la planificación «si… entonces…» puede ofrecer soluciones eficaces a este tipo de problemas.

Pensamiento de grupo

En teoría, las decisiones acordadas en equipo deberían ser mejores que las individuales, porque pueden beneficiarse de la diversidad de conocimientos y de las experiencias que aporta cada miembro. Pero rara vez aprovechan lo que cada persona puede ofrecer de forma específica. En lugar de ofrecer datos y puntos de vista únicos, los miembros se centran en la información que todos poseen desde el principio. Son muchas las fuerzas que actúan en este caso, pero la principal es el deseo de llegar a un consenso rápidamente y sin conflictos, limitando el debate a lo que es conocido por todos.

Incluso cuando a los miembros de un equipo se les dice explícitamente que compartan toda la información relevante entre ellos —y tienen incentivos monetarios para hacerlo— siguen sin hacerlo.

Cuando las personas se atrincheran en sus costumbres, se paralizan por la sobrecarga cognitiva o simplemente se distraen, tienden a olvidarse de llevar a cabo objetivos generales como este.

Las investigaciones de J. Lukas Thürmer, Frank Wieber y Peter Gollwitzer, realizadas en la Universidad de Konstanz demuestran que los planes «si... entonces...» mejoran la toma de decisiones en la organización gracias a que se da un mayor intercambio de información y cooperación. En sus estudios, los equipos trabajaron los problemas de «perfil oculto», que requerían que los miembros compartieran conocimientos para encontrar la mejor solución. Por ejemplo, en un estudio, comités de tres personas tenían que elegir al mejor de tres candidatos para un puesto de trabajo. El candidato A estaba modestamente cualificado, con seis de nueve atributos a su favor, pero todos los miembros del comité conocían sus seis atributos. El candidato B también tenía seis atributos a su favor, pero todos los miembros del comité conocían solo tres de ellos, y cada uno tenía un conocimiento único de un atributo adicional. El candidato C, superior, tenía nueve de los nueve atributos a su favor, pero cada miembro del comité solo recibía información sobre tres de sus atributos. Para darse cuenta de que el candidato C tenía los nueve, los miembros de cada comité tenían que compartir información entre ellos.

A todos los comités se les pidió que compartieran la información antes de tomar una decisión final y se les dijo que revisar los atributos positivos de los dos últimos candidatos sería una buena manera de lograrlo. La mitad de los comités elaboraron un plan «si... entonces»: «Si estamos preparados para tomar una decisión, entonces revisaremos los rasgos positivos de los otros candidatos antes de decidir». (Todos los participantes en el estudio sabían que los planes «si... entonces...» se les aplicaban específicamente a ellos y que la tarea debía realizarse en ese momento, por lo que no detallaron el quién y el cuándo, como lo habrían hecho en la vida real).

La planificación «si... entonces...» es especialmente útil para hacer frente a los inevitables baches del camino: las complicaciones imprevistas, los pequeños —y grandes— desastres, esos momentos en los que surge la confusión. Los estudios demuestran que las personas que planifican de antemano cómo van a enfrentarse a esos obstáculos son mucho más resistentes y capaces de mantener el rumbo.

Empieza por identificar los riesgos potenciales, centrándote en los que parezcan más probables. Si el nuevo software de gestión de proyectos que has comprado resulta tener fallos o el nuevo proceso de revisión que has implantado es demasiado engorroso, ¿qué vas a hacer? Si un proveedor importante quiebra o su fábrica está al borde de la bancarrota, ¿tendrás suficientes reservas a mano?

Para crear planes de contingencia «si... entonces...» hay que identificar qué medidas tomar en caso de que uno de esos riesgos se convierta en realidad. Supongamos que tu unidad de negocio está probando en el mercado dos nuevas líneas de productos. En lugar de suponer que al menos una de ellas merecerá una mayor inversión, elabora un plan de contingencia que permita un resultado menos optimista. Por ejemplo: «Cuando tengamos las cifras de ventas del tercer trimestre, Carol calculará el rendimiento de la inversión y elaborará un proyecto de negocio para la siguiente fase de financiación».

Un comité que se centrara únicamente en la información común elegiría al candidato A —uno de los candidatos menos preparados— por tener seis atributos frente a los cuatro del candidato B y los tres del candidato C. Un comité cuyos miembros se despojaran del pensamiento grupal y compartieran información con éxito se daría cuenta de que, en realidad, el candidato C tenía los nueve atributos y lo elegirían.

No es de extrañar que los comités que no hicieron ningún plan
«si… entonces…» eligieran al candidato superior solo un 18% de las
ocasiones. Los comités con planes «si… entonces…» se aproximaban
más a la decisión correcta, y el 48% de las veces seleccionaron al candidato superior.

Aferrarse a las causas perdidas

Otros estudios realizados por Wieber, Thürmer y Gollwitzer demuestran que los planes «si… entonces…» pueden ayudar a los grupos a
evitar otro problema clásico: dedicar cada vez más recursos a proyectos claramente fallidos. Como señalaron hace décadas el Premio Nobel
Daniel Kahneman y su colaborador Amos Tversky, tendemos a ahon-
dar en los denominados «costes hundidos»: el tiempo, el esfuerzo y el
dinero que hemos invertido en algo y que no podemos recuperar. Es un
comportamiento irracional. Una vez que tu equipo se da cuenta de que
un proyecto está fracasando, las inversiones anteriores no deberían tener
ninguna importancia. Lo mejor que puedes hacer es intentar tomar decisiones inteligentes con lo que te queda por invertir. Pero muy a menudo
mantenemos el mismo rumbo, sin querer admitir que hemos despilfa-
rrado recursos que habrían estado mejor invertidos en otra parte. Los
grupos, en particular, tienden a luchar hasta el final, a veces doblando
sus apuestas perdedoras, cuando lo mejor sería avanzar en otra dirección.
Y cuanto más cohesionados estén, mayor será el riesgo.

Los peligros de identificarse demasiado con el propio equipo u
organización están bien documentados: la presión para conformarse,
por ejemplo, y la exclusión de los miembros atípicos del grupo de los
puestos de liderazgo. Cuando lo único que importa es ser un «buen»
miembro del equipo, los grupos suelen desalentar —implícita o explícitamente— las formas de pensar diferente y se resisten a reconocer
sus imperfecciones y errores de juicio. De ahí el punto ciego cuando
se trata de costes fijos.

Sin embargo, al adoptar la perspectiva de un observador independiente, un grupo puede tener la objetividad necesaria para asumir menos compromisos con las malas decisiones o reducir sus pérdidas por completo. En otras palabras, al imaginar que fue otro equipo el que hizo la inversión inicial, la gente se libera para hacer lo mejor según las circunstancias del momento, sin que los desembolsos anteriores les bloqueen.

Wieber, Thürmer y Gollwitzer plantearon que había dos razones por las que la hipótesis de que la planificación «si… entonces…» podría ser una herramienta especialmente buena para inculcar esta mentalidad. En primer lugar, los estudios demostraron que los planes «si… entonces…» ayudaban a los individuos a cambiar de estrategia para perseguir objetivos, en lugar de continuar con un enfoque fallido. En segundo lugar, otras investigaciones realizadas por Gollwitzer demostraron que la elaboración de planes «si… entonces…» ayudaba a las personas a adoptar un punto de vista distante —asumían la postura del médico que no puede permitirse ser aprensivo cuando ve la sangre—.

Para comprobar la eficacia de los planes «si… entonces…» a la hora de reducir los compromisos del grupo, un estudio dirigido por Wieber puso a los sujetos en equipos de tres y les pidió que tomaran decisiones de inversión conjuntas. Cada equipo actuó como si se tratara de un ayuntamiento que decide cuánto invertir en un proyecto público de preescolar. En la primera fase, los grupos recibieron información muy positiva sobre el proyecto y se asignaron los fondos correspondientes. En la segunda fase, recibieron información positiva y negativa: la construcción había comenzado y una tienda local donaba materiales, pero el sindicato de la construcción quería un aumento sustancial y los activistas medioambientales habían expresado su preocupación por la seguridad del terreno. Racionalmente, los equipos deberían haber empezado a disminuir la financiación en este punto, dada la incertidumbre sobre el éxito del proyecto. Finalmente, en la tercera fase, los grupos recibieron información mayoritariamente negativa: se había encontrado petróleo en el pozo de arena, los padres estaban indignados y... solucionar esos problemas llevaría mucho tiempo y sería caro. Era evidente que había que seguir reduciendo el presupuesto.

¿Qué hicieron los equipos? Los que no habían hecho ningún plan «si... entonces...» mostraron el típico patrón de compromiso. Aumentaron ligeramente el porcentaje de presupuesto asignado al proyecto de la primera a la tercera fase. En cambio, los equipos con planes «si... entonces...» («Si tomamos una decisión, adoptaremos la perspectiva de un observador neutral que no haya sido responsable de ninguna inversión anterior») redujeron sus inversiones de la primera a la tercera fase en un 13%, por término medio.

Cuando los equipos y organizaciones establecen objetivos, tienden a utilizar un lenguaje amplio y abstracto. Sin embargo, es más fácil enmarcar los planes en términos de «si» y «entonces» si primero se dividen en subobjetivos, más pequeños y concretos, y luego se identifican las acciones necesarias para alcanzar cada uno de esos subobjetivos (consulta la figura 26-1, «Cómo diseñar planes "si... entonces..."»). Si se trata de mejorar la comunicación de tu equipo, por ejemplo, podrías establecer como subobjetivo «reducir la sobrecarga de información entre los miembros». Y, después de una lluvia de ideas, puedes decidir que lo lograrás pidiendo a los miembros que cuando reenvíen cualquier correo electrónico expliquen por adelantado por qué lo hacen. (La razón: La gente será más selectiva a la hora de reenviar si tiene que dar una razón). El plan de cada miembro del equipo sería: «Si reenvío un correo electrónico, incluiré una breve nota en la parte superior describiendo de qué se trata y por qué lo comparto». Un directivo con el que hablé se dio cuenta de que este plan «si... entonces...» ponía fin inmediatamente a los reenvíos instintivos que habían estado colapsando las bandejas de entrada de todos con información innecesaria. También aumentó el valor de los emails que la gente reenviaba.

FIGURA 26-1

Cómo diseñar planes «si... entonces...»

Este gráfico muestra cómo traducir una aspiración de alto nivel —en este caso, una mejor comunicación— en planes detallados de ejecución.

Paso 1
Establece
el objetivo
organizacional.

Paso 2
Divide el objetivo
en subobjetivos
específicos y
concretos.

Paso 3
Identifica las
acciones
detalladas
—y quién, cuándo
y dónde— para
alcanzar cada
subobjetivo.

Paso 4
Crea un plan
«si... entonces...»
que active
las acciones.

Objetivo
Mejorar la
comunicación
del equipo.

→ **Subobjetivo** →
Identificar en
qué aspectos
la comunicación
no funciona.

Acción →
Recoger las
opiniones de los
empleados sobre
las áreas
problemáticas.

**Quién/Cuándo/
Dónde**
Director de
Recursos Humanos,
al principio de
cada mes.

→ **Plan «si... entonces...»**
Si es el primer día
del mes, yo (el director
de Recursos Humanos)
enviaré formularios
solicitando sugerencias
sobre cómo mejorar
la comunicación.

→ **Subobjetivo** →
Crear nuevas
oportunidades
de comunicación
entre los
directivos y
los subordinados
directos.

Acción →
Generar informes
de situación
semanales rápidos.

**Quién/Cuándo/
Dónde**
Todos los viernes
por la mañana,
todos los empleados
deben ser
entregados antes
del mediodía.

→ **Plan «si... entonces...»**
El viernes por la
mañana, yo (todos
los empleados) crearé
un resumen de los
avances en los proyectos
actuales y lo entregaré
a mi supervisor antes
del mediodía.

→ **Subobjetivo** →
Reducir la
sobrecarga de
información
entre los
miembros del
equipo.

Acción →
Prohibir el reenvío
compulsivo
de correos.

**Quién/Cuándo/
Dónde**
Todos los
empleados,
siempre que los
emails se envíen.

→ **Plan «si... entonces...»**
Cuando yo (todos los
empleados) reenvío
cualquier correo
electrónico he de incluir
una breve nota en la
parte superior
explicando de qué
se trata y por qué
lo comparto.

Especificar quién, cuándo y dónde es un proceso continuo, no un ejercicio específico. Pide a los miembros del equipo que revisen regularmente sus planes «si… entonces…». Los estudios demuestran que ensayar el vínculo «si… entonces…» puede duplicar la eficacia. También permite a los grupos reevaluar periódicamente el grado de factibilidad de sus planes. ¿Hay algo que sea más difícil o que lleve más tiempo de lo esperado? ¿Hay pasos que el equipo no había previsto? Si las circunstancias cambian, los planes «si… entonces…» también deben cambiar, o no tendrán el impacto deseado.

Aunque la investigación sobre la planificación «si… entonces…» para equipos y organizaciones es relativamente nueva, los primeros resultados son prometedores, y los psicólogos sociales están examinando varios usos y beneficios. (Por ejemplo, yo estoy estudiando si se puede utilizar para cambiar la mentalidad del grupo de lo que yo llamo «ser bueno» a «mejorar», lo que fomenta la mejora continua). Lo que está claro es que la planificación «si… entonces…» ayuda a los grupos a enmarcar sus objetivos de una manera que sea alcanzable, proporcionando un puente entre las intenciones y la realidad. Les permite hacer más de lo que se proponen —y hacerlo mejor—, fomentando la implicación y, sobre todo, reprogramando a las personas para que lo ejecuten.

Heidi Grant

Es científica principal del Neuroleadership Institute y directora asociada del Motivation Science Center de la Universidad de Columbia. Es autora de los exitosos libros *Los 9 secretos de la gente exitosa* (Reverté Management, 2021), *Nadie te entiende y qué hacer al respecto* (Paidós, 2014) y *Cómo conseguir que la gente esté de tu lado* (Taller del Éxito, 2021). Puedes seguirla en Twitter @heidgrantphd.

Parte ocho

Navega por los desafíos del pensamiento estratégico

Capítulo 27

Cuando crees que la estrategia es errónea

Amy Gallo

Es probable que en algún momento de tu carrera te hayan pedido que apliques una estrategia desarrollada por otra persona. El trabajo de un directivo es ejecutar esa estrategia y asegurarse de que su equipo, unidad o departamento también está alineado con ese objetivo. Pero ¿qué ocurre si crees que la estrategia que te han pedido que apliques no es la adecuada? Tal vez pienses que la estrategia no obtendrá los resultados previstos, o peor aún, que será un riesgo para la empresa.

Al margen del grado de desasosiego que tengas, tienes la obligación de comentarlo. Pero pulsar inmediatamente el botón de pánico de la estrategia no siempre es útil, y te pueden ver como un alarmista. Es importante que encuentres vías para expresar tus preocupaciones de forma productiva. Actuando con cautela y reflexión, puedes hacer que se escuchen tus preocupaciones y quizás ahorrar a tu equipo —o a la empresa— tiempo, energía y dinero.

Adaptado de «When You Think the Strategy Is Wrong» en hbr.org, 4 de febrero de 2010 (producto #H004A5).

Qué dicen los expertos

El desarrollo de la estrategia es un proceso difícil, que requiere mucho tiempo y a menudo es confuso. El resultado final nunca es perfecto. Sin embargo, como profesional de cualquier empresa, tienes la obligación de actuar si ves algo que no funciona en la estrategia de tu organización. Linda Hill, profesora de la Harvard Business School y autora de *Becoming a Manager*, dice: «Cualquiera que esté realmente comprometido con la organización tiene la obligación de hacer preguntas y aclarar las confusiones». Sin embargo, hay que proceder con cautela. Don Sull, autor de *The Upside of Turbulence*, advierte: «Decir "esto es estúpido y equivocado" no es útil». Antes de gritar «¡estrategia equivocada!», sigue estos tres pasos para comprender lo que realmente está en juego y explorar tus motivaciones.

Paso 1. Diagnosticar: comprender el cuadro completo

La estrategia de una organización suele estar marcada por complejos entramados políticos. Antes de opinar, intenta comprender la situación en la que se ha desarrollado la estrategia. Como señala Gary Neilson, asesor ejecutivo de la consultora Strategy&, «demasiada gente se ve a sí misma como estratega autoproclamado de la empresa». No des por sentado que sabes cómo o por qué se desarrolló esa estrategia. Utiliza tu red de contactos para saber más sobre el proceso y los supuestos utilizados. Según Hill, una buena red que te proporcionará información y consejos útiles está formada por un conjunto diverso de personas con perspectivas diferentes, lo que Hill llama «un consejo de administración personal». Envía un cuestionario para obtener más información sobre cómo se ha desarrollado la estrategia y cuál es su objetivo. Intenta averiguar qué problema intentan resolver los directivos de la empresa con la estrategia actual o si hay un cambio de prioridades que desconoces. Obtener una perspectiva sobre cómo se acordó la estrategia puede ayudarte a reflexionar acerca de lo que subyace a tus preocupaciones.

Paso 2. Reflexionar: contextualizar tus preocupaciones

Cuando se trata de una estrategia, qué es correcto o incorrecto depende del ojo de quien la observa. Sull señala que «una estrategia suficientemente buena aplicada de forma excelente superará nueve de cada diez veces a una estrategia perfecta aplicada a medias». Dado que ninguna estrategia es infalible, es probable que haya cosas que consideres que deberían ser diferentes, pero para modificarlas no es necesario que provoques un motín. Neilson insta a que los empleados que estén preocupados se pregunten: «¿Esperabas una dirección diferente o crees que el análisis, los hechos o el proceso que la empresa utilizó [fueron] erróneos?». Es tu responsabilidad entender qué una parte de tu inquietud es determinante que se plantee, y qué otra parte es simplemente el resultado de una diferencia de opinión.

También es importante que te preguntes si tus objeciones se deben a que te incomoda llevar a cabo algo que te resulta dificultoso. Sull dice: «Los mandos intermedios pueden utilizar la estrategia imperfecta como una excusa para no tomar la iniciativa». Puede que el origen de tu malestar sea tu resistencia al cambio o a tu resentimiento por no haber sido incluido en el proceso de desarrollo de la estrategia. Es mejor que sepas el verdadero origen de tus preocupaciones antes de opinar. Una vez que hayas investigado y reflexionado sobre tus fundamentos, si tus preocupaciones persisten, es el momento de verbalizarlas.

Paso 3. Hablar: proceder con cautela

Comienza por dirigirte a tu jefe directo para compartir tus temores. Tu jefe puede haber participado, o no, en el desarrollo de la estrategia, pero puede saber más sobre los antecedentes. Esta conversación debe tener lugar en privado. Haz preguntas y pide ayuda a tu jefe para entender por qué la empresa ha elegido esa estrategia. Puedes hacer preguntas como: «¿Cuáles son los supuestos en los que se basa la estrategia?», «¿Podrías explicarme por qué es importante esta pieza en particular?», o «¿Qué margen de maniobra tenemos para ajustar la estrategia a las realidades del mercado local?».

Es importante que, al compartir tus preocupaciones, aportes datos que respalden la razón por la que planteas tus dudas. Si has investigado, deberías tener esta información preparada. Puedes hacer que esa conversación sea más fructífera proponiendo soluciones alternativas que ayuden a mitigar los riesgos que ves. No acuses a tu jefe ni lo responsabilices de lo que tú ves como erróneo. Deja claro que no estás cuestionando su autoridad, sino que intentas comprender mejor la estrategia que te han pedido que pongas en marcha.

Cuándo dejarlo pasar y cuándo no

Después de haber dado los pasos anteriores, si no se han atendido tus preocupaciones o han sido rebatidas, quizá tengas que elegir qué batallas vas a librar. «El escepticismo es enormemente útil en las organizaciones, pero la obstinación continua no lo es», dice Sull. La gente respeta muy poco a quien se empeña en ignorar los defectos. Es posible que tengas que confiar en tu jefe o en otros superiores, sobre todo porque puede haber asuntos de los que no les esté permitido hablar. «En esos casos, es posible que debas decir: "Si realmente crees que esta es la dirección correcta, lo haré"», sugiere Hill.

Sull señala que en contadas ocasiones la estrategia pone en tan alto riesgo a la empresa que se puede considerar la posibilidad de dejar la organización. Se trata de casos en los que se juega con problemas éticos o en los que la empresa puede quebrar si se sigue con la estrategia actual. Si estás ante una estrategia muy defectuosa o no puedes apoyarla convenientemente, puede que la mejor opción sea irte. Y, si te vas, no ocultes tus motivos. Escribe una carta al director general, no importa en qué lugar de la organización te encuentres, explicándole tu decisión y los riesgos que ves en la estrategia de la empresa.

Principios para recordar

Lo que puedes hacer:

- Comprender el origen de tus preocupaciones.

- Investigar las aportaciones y los supuestos en los que se basa la estrategia.

- Expresar tus preocupaciones a tu jefe inmediato.

Lo que no debes hacer:

- Insistir en que tus preocupaciones sean atendidas.

- Dar por hecho que conoces los supuestos o el razonamiento que hay detrás de la estrategia.

- Cuestionar la estrategia en público.

Estudio de caso: cuando la ventaja competitiva es una desventaja

Laura Casela (algunos detalles, incluido su nombre, se han cambiado) se unió a una empresa de comunicación estratégica creada por dos antiguos colegas consultores. Laura fue contratada como directora de desarrollo empresarial en una compañía que tenía un año de vida; estaba entusiasmada con su nuevo rol y con el futuro de la compañía. La empresa se fundó con una premisa única. La mayoría de las empresas de comunicación dependen de redactores freelance que realizan gran parte de su trabajo, y los clientes no siempre saben quiénes son esos redactores. Los homólogos de Laura decidieron cambiar esta situación contratando a amas de casa que habían dejado el sector para pasar más tiempo con sus familias. La empresa construyó su marca en torno a este enfoque de contratación y tuvo éxito en su primer año en el mercado.

Sin embargo, poco después de aceptar el trabajo, Laura descubrió que su búsqueda de potenciales clientes no daba resultados. Conseguía captar referencias, pero los nuevos clientes potenciales perdían su interés cuando visitaban el sitio web. Preguntó a algunos posibles clientes qué les había hecho desistir, y le explicaron que no buscaban un negocio de amas de casa. Muchos le dijeron que simplemente no les parecía «un buen enfoque». Laura se dio cuenta de que «los clientes buscaban a escritores profesionales y contactaban con una empresa de comunicación para que hiciera la contratación por ellos. No les importaba quién hiciera el trabajo, siempre que fuera bueno».

Laura tenía un conflicto: creía en la marca y, al igual que los fundadores, pensaba que ayudaría a la organización a destacar en el abarrotado mercado neoyorquino. Pero las evidencias mostraban todo lo contrario. Laura comentó todo lo que había aprendido con sus colegas y les explicó que, a pesar de lo mucho que creía en su premisa, era un enfoque que debían abandonar.

Los fundadores se sorprendieron, pero se mostraron abiertos a lo que Laura tenía que decir, sobre todo por las pruebas que aportó, incluidos los comentarios de los clientes y los correos electrónicos. El hecho de que Laura diera su opinión tuvo un gran impacto, y los fundadores de la empresa, junto con Laura, acabaron trabajando con un consultor de estrategia para replantear su marca.

Amy Gallo

Es editora colaboradora de Harvard Business Review y autora de la *HBR Guide to Dealing with Conflict* (Harvard Business Review Press, 2017). Escribe y habla sobre las dinámicas de trabajo. Puedes seguirla en Twitter @amyegallo.

Capítulo 28

Cuando tu jefe transmite mensajes contradictorios

Len Schlesinger y Charlie Kiefer

En muchas ocasiones, los directivos dan a sus empleados mensajes contradictorios sobre sus objetivos: «Sé innovador» y «Sigue el protocolo establecido». «Asume riesgos» y «No expongas la empresa a la mala prensa». «Céntrate en la iniciativa número uno de la empresa» y «Todos estos proyectos son prioritarios».

A nivel organizativo, los objetivos contradictorios pueden superarse mediante un plan de ejecución cuidadosamente establecido, como se indica en el capítulo 18. Pero, a nivel individual, navegar entre instrucciones contradictorias puede ser difícil y confuso. Y, aunque hay directivos que reconocen las incoherencias y las ambigüedades de esos objetivos, otros no lo hacen. Como empleado, ¿cómo puedes responder si tu jefe no reconoce que te ha puesto en una situación imposible?

Las personas que se encuentran entre la espada y la pared tienen respuestas bastante predecibles. La frustración y la ira son las más comunes. Otras reacciones que se hacen menos visibles son la tendencia a retirarse, aislarse y esperar una orientación clara que quizá

Adaptado de «When Your Boss Gives You Conflicting Messages» en hbr.org, 27 de noviembre de 2014 (producto #H01QBD).

nunca llegue. Si sientes alguna de estas reacciones ante las peticiones de tu jefe, es muy probable que la causa sea fruto de esa contradicción. Entonces, ¿qué puedes hacer?

No finjas que el conflicto no existe

Cuando nos enfrentamos a prioridades que están en conflicto directo, un instinto natural es el de agachar la cabeza y tratar de hacerlo todo. En su libro *Flawed Advice and the Management Trap*, el teórico empresarial Chris Argyris describe la secuencia de acontecimientos que se produce cuando las personas ignoran la tensión entre objetivos: las organizaciones y sus dirigentes elaboran mensajes que contienen incoherencias. A continuación, agravan el problema actuando como si los mensajes fueran coherentes, y hacen casi imposible la resolución de los problemas etiquetando los mensajes incoherentes como «indiscutibles».

No es que no se pueda lidiar con mensajes contradictorios; la gente lo hace todo el tiempo. Pero los líderes ponen a la gente en una situación imposible cuando fingen que los mensajes no son contradictorios y evitan cualquier discusión sobre el asunto.

Cuando eso ocurre, te enfrentas a un dilema con dos consecuencias relacionadas —una psicológica y otra real— que deben abordarse por separado.

Utiliza el humor

Afrontar la primera consecuencia es sencillo. Recuerda que, psicológicamente, el problema central no es el dilema en sí, sino el hecho de que no puedas enfrentarte a él. Así que míralo como lo que es: una situación disparatada. Sé consciente de cuándo te afecta. Ríete de ello con tus colegas de confianza. Con el tiempo, puedes eliminar muchos de los aspectos psicológicos negativos y conseguir que esa contradicción no te juegue malas pasadas. Pero puede, y quizá deba, seguir afectando a tu comportamiento, así que debes pensar estratégicamente.

Discute lo indiscutible

Dado que la segunda consecuencia, la imposibilidad de debate, suele ser una de las reglas no escritas del juego, hay que proceder con cautela. Recuerda que el remedio definitivo es convertir el hábito organizativo de evitar el debate en un tema de reflexión y en un diálogo abierto por parte de todos los miembros del equipo. Se necesita sutileza y tiempo; abordarlo directamente desde el principio puede acarrear graves problemas.

Empieza planteando una situación o un dilema al que te enfrentes inmediatamente. Habla con tu jefe sobre el aprieto en el que te encuentras y pídele que te ayude a superar ese caso concreto. Plantea el tema de forma desenfadada; por ejemplo: «Vale, tengo que hacer algo y no hacerlo al mismo tiempo. ¿Puedes darme alguna idea o consejo sobre cómo conseguirlo? ¿O cómo equilibrar las dos cosas? ¿O cómo compensarlas? ¿Cómo has sorteado con éxito este tipo de situaciones en el pasado?». Ayudarte es el trabajo de tu jefe y es de esperar que sea un buen consejero.

Identifica los retos y avanza

Lamentablemente, es posible que te encuentres con un «por supuesto que queremos que hagas más, más rápido y con menos. Madura y supéralo». El que seas consciente de la realidad a la que te enfrentas siempre es bueno, y al menos habrás confirmado los retos a los que te enfrentas. Hay dos grandes retos que debes tener en cuenta:

1. ¿Qué puedes hacer, en concreto, para ser eficaz en esa situación, cuando se te pide claramente que hagas dos cosas contradictorias?

2. ¿Puedes encontrar una manera de conseguir que tu jefe se muestre más dispuesto a ayudarte?

Para hacer frente al primer reto, hay que ser lo más creativo posible y luego hacerlo lo mejor que puedas. El hecho de hacer pública una estrategia que intente superar las contradicciones con un espíritu positivo, probablemente dará a tu jefe la oportunidad de mostrarse más receptivo a la hora de afrontar los inevitables problemas.

Para el segundo reto, implica a tu jefe para que apoye tus esfuerzos, aunque instintivamente no esté predispuesto a hacerlo. Explica por qué te has comprometido a realizar este esfuerzo y presenta acciones y tareas para que tu jefe participe. Haz que se entusiasme con la idea de apostar por ti. Es probable que tu jefe se implique más si cree que estás intentando por todos los medios seguir la agenda de trabajo definida. Con el tiempo, es probable que se muestre más dispuesto a trabajar contigo y encontrar formas de superar los mensajes contradictorios y, posiblemente, hacer que acabe tomando conciencia del comportamiento disfuncional.

Por supuesto, no hay garantía de que esto funcione, pero dado que te has liberado de los aspectos psicológicos de este asunto a través de la concienciación personal, podrás entrar en el juego desde la mejor posición. En el peor de los casos, quizá no desees entrar en el juego y decidas abandonar la organización definitivamente.

LEN SCHLESINGER

Es profesor de la Fundación Baker de Administración de Empresas en la Harvard Business School. Anteriormente fue el duodécimo presidente del Babson College y el vicepresidente y jefe de operaciones de Limited Brands (ahora L Brands). Es coautor de *What Great Service Leaders Know and Do*.

Charlie Kiefer

Es el fundador de Innovation Associates, cuyos programas y servicios en materia de conocimiento, pensamiento empresarial y cambio basado en el aprendizaje mejoran permanentemente la capacidad de innovación de las grandes organizaciones. Ha impartido clases de emprendimiento corporativo en la Sloan School of Management del MIT y es coautor de varios libros y artículos sobre emprendimiento y conocimiento. Es coautor, junto con Paul B. Brown, de *Just Start* (Harvard Business Review Press, 2012).

Capítulo 29

Cuando la estrategia no está clara, está en proceso de cambio o siempre está cambiando

Lisa Lai

Uno de los pocos dogmas del mundo empresarial en los que todo el mundo está de acuerdo es que *sin una estrategia clara y convincente, tu empresa fracasará.* Desde los programas de MBA, pasando por los libros de negocios, hasta la última conferencia a la que hayas asistido, lo has oído repetir una y otra vez.

A pesar de ello, a menudo nos encontramos gestionando en situaciones de ambigüedad estratégica; es decir, sin tener claro hacia dónde se va o cómo se va a llegar. ¿Por qué ocurre esto? Las condiciones del mercado cambian rápidamente. Los clientes tienen más opciones que nunca. Los recursos son limitados. Los ejecutivos se van, se nombra a interinos y las búsquedas se prolongan. La lista continúa, e incluso si tu empresa es lo suficientemente dinámica como para establecer la estrategia de forma eficaz en la cúpula, mantener a toda la organización alineada estratégicamente es un reto totalmente diferente. Tu empresa puede tener un imperativo estratégico claro, pero tu unidad o equipo quizá no lo tengan.

En mi consultoría, trabajo con líderes de todo el mundo sobre estrategia y ejecución, y se mueven incómodos en sus sillas cada vez que abordo este tema. La incertidumbre estratégica puede contemplarse como un obstáculo. Los líderes evitan hacer inversiones. Las decisiones se aplazan. Los recursos se congelan. El miedo, la incertidumbre y la duda dirigen los malos hábitos y las agendas personales. Aun así, las empresas suelen tener éxito o fracasar en función de la capacidad de sus directivos para hacer avanzar a la organización precisamente en los momentos en los que el camino se presenta confuso.

Los mejores directivos encuentran la manera de proporcionar una dirección firme y realista y de dirigir con excelencia, incluso cuando la estrategia no está clara. Exige a tus dirigentes claridad, sí. Mientras tanto, sé productivo. Hay tres cosas que puedes hacer hoy y que te pondrán en mejor posición para gestionar la ambigüedad estratégica: tomar medidas pragmáticas, cultivar la estabilidad emocional y aprovechar la experiencia de los otros.

Actúa con pragmatismo

Soy partidario de los enfoques prácticos ante la incertidumbre. Hacer algo, lo que sea, para apoyar el éxito de tu empresa os hará sentir, a ti y a tu equipo, mejor que si no haces nada.

Vuelve a lo básico. Aporta valor. En primer lugar, concéntrate en lo que puedes controlar. Cada día debes aportar valor a la organización y a tu equipo. ¿A qué clientela atiende tu equipo actualmente y qué esperan o necesitan de ti? ¿Cómo puedes actuar mejor, más rápido o de forma más inteligente para cumplir la promesa de un servicio excelente? ¿Qué importancia tiene la misión o la visión de la organización? ¿Cómo puede contribuir tu equipo a ello? Cuando llega la incertidumbre, lo más importante es realizar un buen trabajo. Has de situar a la empresa en la mejor posición posible para afrontar nuevas opciones estratégicas.

Haz apuestas inteligentes. ¿Qué es probable? Cuando la estrategia es incierta, los mejores gestores son conscientes de lo desconocido, pero también miran hacia adelante, hacia lo conocido y lo que es probable que ocurra. ¿Qué sabes de la dinámica que afecta a tu empresa? ¿Qué opciones se barajan? ¿Qué cree tu jefe que va a pasar? ¿Qué puedes hacer hoy para prepararte a ti mismo, a tu equipo y potencialmente a tus clientes para el cambio? En cualquier caso, los directivos pueden hacer apuestas inteligentes y empezar a trabajar con vistas a una situación futura, incluso cuando el panorama completo permanece desenfocado.

Actúa por etapas: adopta estrategias a corto plazo. Una vez que hayas centrado a tu equipo para que aporten valor y hayas empezado a explorar todas las posibilidades, estarás preparado para progresar en un conjunto discreto de prioridades. Toma nota de las organizaciones que utilizan métodos dinámicos y crea tu propia estrategia a corto plazo. ¿Qué puedes hacer personalmente para contribuir a la claridad estratégica de tu departamento? ¿Qué proyectos puede ejecutar tu equipo en 30, 60 o 90 días que beneficien a la organización independientemente de la dirección que tome la estrategia? La estrategia no es solo el trabajo de los altos ejecutivos: cualquier trabajo que hagas para mejorar las capacidades de la empresa y posicionar a tu equipo de cara al futuro es una gran inversión. No te quedes quieto, esperando la decisión «definitiva» sobre la estrategia. Haz avanzar a tu equipo y a la empresa.

Cultivar la estabilidad emocional

La ambigüedad estratégica te hace salir de tu zona de confort. Cuando hay una dirección clara e inamovible, puedes centrarte en los objetivos definidos y obtener resultados. Cuando las estrategias cambian, o se insinúa un cambio, es normal sentirse inquieto, y eso también lo verás en tu equipo. Aquí tienes tres pasos que puedes dar para ayudarte a ti mismo y a tu equipo a gestionar las emociones resultado de la ambigüedad estratégica.

Sé proactivo. Aprende más. Una de las razones por las que sugiero las iniciativas pragmáticas es porque hacer algo concreto te ayuda a ir más allá de tus emociones. Pero la estabilidad emocional es mucho más que eso. Las preguntas surgen de forma natural: ¿Cómo afectará esto a mi grupo? ¿Y si todo lo que hacemos hoy se altera? ¿Y si esto implica cambios de trabajo, despidos o pérdida de recursos? Infórmate todo lo que puedas para estar al día y no solo reaccionar a los rumores e insinuaciones. Utiliza tu red interna y pregunta a otros miembros de la organización para obtener información, más contextualizada y clara. Cuando hayas hecho esta importante labor de análisis, podrás anticiparte a las preguntas de tu equipo y preparar las respuestas más eficaces dentro de lo posible.

Reconoce y gestiona tus emociones. La estabilidad emocional requiere que seas consciente de la forma en que te comportas en el lugar de trabajo. Tu papel es estar calmado, ser transparente y estable, y al mismo tiempo tener una visión de futuro. Reconoce tus emociones y habla con un compañero o con tu jefe si necesitas resolverlas. Imagina el peor escenario posible y luego pasa al resultado más factible. Lo más probable es que la realidad no sea tan mala como la que puedas evocar cuando tus emociones se agudizan. Comprométete a evitar respuestas de estrés, frustración, rumores u otros comportamientos no productivos. Los miembros de tu equipo te observan y captan tus reacciones.

Mantén abierta la comunicación con el equipo. La incertidumbre estratégica puede hacer que los directivos se comuniquen con los miembros del equipo con menos frecuencia y menos abiertamente. «Si no tengo nada claro que aportar, ¿por qué no esperar?», nos dicen.

Pero, en realidad, las situaciones ambiguas exigen que se abra la comunicación incluso más de lo normal. Para demostrar una estabilidad emocional, comparte tus propias emociones y reconoce las de tu equipo de forma productiva. Deja que los miembros del equipo sepan que lo que sienten es normal. Pero habla con ellos sobre su compromiso de ser emocionalmente estables incluso en los momentos de incertidumbre. Pídeles que hagan lo mismo y que acudan a ti si se sienten frustrados o preocupados. Tener un diálogo abierto mantendrá a tu equipo comprometido y alineado hasta que surja una dirección clara.

Aprovechar la experiencia de otros

Dirigir en periodos de incertidumbre y cambio puede significar el aislamiento para los directivos. Recuerda que no estás solo. Tienes una red de personas que probablemente se hayan enfrentado a retos similares y puedes aprovechar sus experiencias. He aquí tres formas de aprovechar la experiencia de otros para obtener apoyo:

Imagina el enfoque de tu líder más respetado. ¿Qué haría él en tu situación? ¿Cómo manejaría esa ambigüedad o ese estado de incertidumbre? ¿Qué pensaría de cómo te estás moviendo? Este ejercicio puede ser increíblemente poderoso para ayudarte a mantener la calma y la estabilidad emocional, para que ejercites tu pensamiento crítico y tomes medidas pragmáticas incluso en las circunstancias más inciertas. Las personas a las que más respetamos han demostrado rasgos que admiramos. Aprovecha sus puntos fuertes para que te sirvan de ejemplo.

Implica a otros directivos. Los directivos suelen creer que tienen que «ser fuertes» y actuar en solitario para demostrar su competencia y su confianza en la gestión. Eso no es cierto. Mis clientes ejecutivos acuden regularmente a sus compañeros y excompañeros en busca de consejo, asesoramiento y apoyo emocional. Si alguien que conoces se dirige a ti para pedirte consejo, estarás encantado de proporcionarle apoyo y te sentirás valorado por tu compañero. Tu red sentirá lo mismo. Empieza la conversación con un «me vendría bien otro punto de vista», te sorprenderá lo rápido que se comprometen los demás.

Aprovecha la sabiduría de los líderes de opinión. Tu red se convierte en global cuando se amplía más allá de los que conoces personalmente a los que puedes acceder en el entorno digital actual. Cuanto mayor sea tu comprensión de cómo piensan los demás sobre el dinamismo estratégico y el liderazgo del cambio, mejor podrás sortear la ambigüedad en tu empresa. Las mentes más brillantes e inspiradoras están a tu alcance: lee libros y artículos, escucha *podcasts* y entrevistas, y ve vídeos instructivos, seminarios web y mucho más para ampliar tu pensamiento y aprender nuevos enfoques relevantes para tu situación específica.

La capacidad de prosperar durante períodos de incertidumbre estratégica es lo que diferencia a los grandes directivos del resto, llegando a convertirse en líderes excepcionales. No permitas que la falta de claridad en tu empresa ensombrezca tu confianza o tu rendimiento. Incluso en las situaciones más desafiantes y ambiguas, puedes alcanzar el éxito si te comprometes a tomar medidas pragmáticas al tiempo que demuestras firmeza emocional y aprovechas la experiencia de los demás.

LISA LAI

Es asesora, consultora y coach de algunos de los líderes y empresas más exitosos del mundo. También es coordinadora de programas de desarrollo de liderazgo global para la editorial Harvard Business School. Puedes encontrarla en Facebook, visitar su sitio web en www.laiventures.com o seguirla en Twitter @soul4breakfast.

Apéndices

Apéndice A
Preguntas para inspirar el pensamiento estratégico

Para ser un pensador estratégico eficaz debes hacerte preguntas con regularidad, tanto a ti mismo como a los demás, para comprender mejor cómo tu trabajo se ajusta a los objetivos generales de tu empresa y a las fuerzas competitivas de tu sector. Las siguientes preguntas se han extraído de los capítulos de este libro y se han agrupado de acuerdo con situaciones o problemas específicos a los que puedes enfrentarte. Si consultas esta lista con regularidad, podrás ver los retos desde distintos ángulos y estructurar tu trabajo para maximizar tu contribución y alinear mejor a tu equipo con los objetivos de la organización.

Comprende la estrategia de tu organización

¿Cuál es nuestra estrategia y mi papel en su ejecución?

Reflexiona sobre estas preguntas y ponte en contacto con otros miembros de tu organización, incluidos tu jefe, tus compañeros y tus empleados, para comprender mejor los objetivos estratégicos de tu empresa.

- ¿Cuáles son los principales objetivos estratégicos de la empresa en este momento?

- ¿En qué es ya grande nuestra empresa?

- ¿Cuáles son las principales necesidades, los retos y oportunidades a los que nos enfrentamos en los próximos seis meses? ¿En el próximo año? ¿A largo plazo?

- ¿Cómo encaja mi equipo en este panorama?

- ¿Cuáles son las principales prioridades de mi grupo? ¿Cuáles son las grandes necesidades, retos y oportunidades que debemos abordar en los próximos seis meses? ¿En el próximo año? ¿A largo plazo?

- ¿Qué papel debo desempeñar para llevar a cabo esta estrategia?

- ¿Cuáles son las principales necesidades, retos y oportunidades que debo asumir en los próximos seis meses? ¿En el próximo año? ¿A largo plazo?

- ¿Cuáles son los principales objetivos de mi jefe y mis compañeros en este momento dentro de la organización? ¿Cómo puedo apoyarlos?

- ¿Cuál es la intención estratégica de los líderes del nivel superior al mío?

- ¿Cuáles son las decisiones clave que tomo en mi área?

- ¿Con qué lógica estratégica puedo alinear esas opciones con las que están por encima de mí?

- ¿Cómo puedo comunicar la lógica de mis decisiones estratégicas a mis subordinados?

¿Cuáles son los riesgos para nuestra estrategia y para mí?

Teniendo en cuenta los objetivos estratégicos, pregúntate dónde están los mayores riesgos para tu equipo y tu propia vida profesional.

- ¿Cuáles son las principales fuentes de incertidumbre en el futuro de mi equipo?

- ¿Cuáles son los riesgos externos, como financiación, competencia con otras unidades y posible reorganización?

- ¿Cuáles son los riesgos internos, como los cambios de personal, la dinámica del equipo y la política de la empresa?

- ¿Cuáles son las principales fuentes de incertidumbre en mi propio futuro?

- ¿Cuáles son los riesgos profesionales para mi éxito, como objetivos profesionales, experiencia, formación y acreditación, y logística de trabajo?

- ¿Cuáles son los riesgos personales para mi éxito, como salud, familia y finanzas?

Desarrolla una perspectiva global

¿Cuál es el objetivo y el papel de mi organización?

Reflexiona sobre estas preguntas con regularidad, de modo que tengas presente las prioridades organizativas.

- ¿Por qué existe la organización y cuál es su objetivo?

- Si la organización no existiera, ¿qué diferencia habría en el mundo? ¿Qué faltaría?

- ¿Qué ofrece la organización a nuestros clientes y qué no? ¿Cómo y por qué esta oferta aporta valor a estos clientes?

- ¿Qué genera esta oferta para la empresa y para los accionistas?

- ¿Cómo se comportan las personas de la organización con los clientes, con otras partes interesadas y entre sí?

¿Quiénes son las principales partes interesadas de mi organización?

Organiza una lluvia de ideas acerca de las personas a las que da servicio tu empresa. A continuación, responde a estas preguntas sobre cada una de esas personas para reducir la lista a grupos específicos de interesados.

- ¿Tiene la parte interesada un impacto fundamental en el rendimiento de la organización? (*Respuesta obligatoria: sí*)

- ¿Podemos identificar claramente lo que queremos de la parte interesada? (*Respuesta obligatoria: sí*)

- ¿La relación es dinámica, es decir, queremos que crezca? (*Respuesta obligatoria: sí*)

- ¿Puede la organización existir sin la parte interesada o sustituirla fácilmente? (*Respuesta obligatoria: no*)

- ¿Ya se ha identificado a la parte interesada a través de otra relación? (*Respuesta obligatoria: no*)

¿Dónde están las oportunidades de cambio en mi organización?

Entrevista o encuesta a tus colegas para comprender mejor sus creencias y suposiciones fundamentales sobre la situación actual de tu empresa. Utiliza sus respuestas para identificar las áreas que podrían cambiarse.

- ¿Cuáles son algunos de los supuestos clave inherentes a tus actividades cotidianas, las «reglas» establecidas bajo las que opera generalmente la organización? ¿Qué valores fundamentales se dan por supuestos?

- ¿Cuáles son algunas de tus propias creencias sobre la organización? ¿Qué hace que funcione eficazmente en la actualidad? ¿A qué áreas dedica la organización demasiado —o poco— tiempo y recursos?

- ¿Cuál es el espacio competitivo de la organización? ¿Hay alguna manera de redefinirlo?

¿Qué tendencias se dan en mi empresa?

Utiliza estas preguntas sobre el personal, los procesos, los productos y la estrategia de tu empresa para detectar cualquier señal temprana de cambio.

- ¿Se han producido nuevas contrataciones o salidas de empleados clave en la empresa? ¿Ha habido un aumento de las contrataciones externas?

- ¿Se han producido cambios importantes en las relaciones y la dinámica de poder que podrían afectar a mis esfuerzos y a los de mi equipo?

- ¿Están mis empleados comprometidos? ¿Cómo puede repercutir esto en la velocidad y la calidad de mis iniciativas y las de mi departamento?

- ¿Qué cambios tecnológicos o de procesos clave se están produciendo en otros departamentos?

- ¿Existen patrones en los tipos de solicitudes que estoy recibiendo de los principales interesados? ¿Qué pueden indicar estas solicitudes?

- ¿Ha experimentado mi equipo un cambio en el servicio que recibe de sus colegas internos?

- ¿Cómo puede afectar a mi línea de negocio la introducción de un nuevo producto, servicio o situación geográfica por parte de mi empresa? ¿Una serie de nuevos productos indica un cambio de dirección?

- ¿Hay señales de que la caída de las ventas de un producto clave puede deberse a factores internos?

- ¿Una serie de adquisiciones indica una nueva dirección para la organización?

- ¿Hay cambios en la asignación de recursos en la empresa?

- ¿Hay señales de que las prioridades de las partes interesadas hayan cambiado?

- Teniendo en cuenta todas estas tendencias, ¿qué significan estos cambios para mi departamento o mi propio trabajo?

Alinea las decisiones con los objetivos estratégicos

¿Cómo tomar una decisión estratégica?

Cuando te enfrentes a un asunto o un problema difícil, las siguientes preguntas te ayudarán a comprender el impacto de tu elección.

- ¿A qué objetivos o prioridades preexistentes de la empresa les afectara la decisión?

- ¿Cuáles son las alternativas, realistas, a la elección a la que me enfrento?

- ¿Cuáles son los pros y los contras de cada alternativa?

- ¿Qué información importante me falta?

- ¿Cuáles son las posibles consecuencias a corto y largo plazo de mi elección? ¿Qué impacto tendrá mi decisión dentro de un año?

- ¿Qué perspectivas debo tener en cuenta de las partes interesadas? ¿Qué consideraciones interfuncionales debo tener en cuenta?

- ¿Qué *trade-offs* parecen más adecuadas en esta situación?

- ¿Por qué y cuánto apoya el equipo mi decisión?

- (*Dentro de unos dos meses*) ¿Cómo ha resultado esta decisión? ¿Qué debo corregir y qué puedo aprender de lo ocurrido?

Establece prioridades y gestiona los *trade-offs*

¿Cómo puedo crear un plan para ejecutar múltiples objetivos?

Cuando los objetivos de la organización no encajan, define una forma de cumplirlos planteando estas preguntas.

- ¿Puedo trabajar en todos los objetivos estratégicos al mismo tiempo? Si no es así, ¿qué tengo que abordar primero?

- ¿Hay recursos o conocimientos que puedan obtenerse de una primera oportunidad que puedan ayudar a otro objetivo más adelante?

- ¿Cuánto podemos hacer mi equipo y yo a la vez? ¿Tenemos los recursos necesarios para centrarnos en más de un gran proyecto estratégico a la vez?

- ¿Qué se necesita para mantener el negocio actual mientras impulsamos nuevas iniciativas estratégicas?

- ¿Cuento con personas que tengan las habilidades y los conocimientos necesarios para entrar en un nuevo territorio estratégico?

- ¿Tendré que contratar a nuevas personas o formar al personal actual? ¿Cuál es el alcance de esta inversión y cómo se integrará con el equipo actual?

- Si el mercado o nuestros recursos cambian durante la planificación, ¿deben seguir prevaleciendo nuestras hipótesis originales sobre cómo competir?

- ¿Nuestras investigaciones han sugerido aprendizajes específicos que modificarían sustancialmente esos supuestos?

- ¿Existen serios desacuerdos entre las principales partes interesadas sobre la ejecución de la estrategia? ¿Cuál es la causa de la oposición?

- ¿Los compañeros escépticos plantean preocupaciones legítimas que podrían requerir un replanteamiento del camino a seguir?

Alinea tu equipo en torno a los objetivos de la estrategia

¿En qué objetivos clave debería centrarse mi equipo?

Decide tu trabajo más importante con tu equipo y alinéalo hacia él.

- ¿El éxito de este resultado impulsará la misión de la organización en general?

- ¿Apoya y se apoya en nuestros principales objetivos empresariales?

- ¿Conseguirlo supondrá una declaración para la organización sobre lo que es más importante?

- ¿Conduce a la ejecución de nuestra estrategia?

- ¿Es el camino adecuado?

- ¿Nos entusiasma? ¿Tenemos una conexión emocional con él?

¿Cómo puedo inspirar el pensamiento estratégico en mi equipo?

Plantea a tu equipo estas preguntas para obtener claridad, alineación y visión estratégica.

- ¿Qué hacemos hoy?

- ¿Por qué hacemos el trabajo que hacemos? ¿Por qué ahora?

- ¿Cómo se alinea lo que estamos haciendo hoy con el panorama general?

- ¿Qué significa el éxito para nuestro equipo?

- ¿Qué más podríamos hacer para conseguir más, mejor y más rápido?

- ¿De qué manera hacemos las cosas de forma diferente respecto a nuestros competidores?

- ¿Qué métodos debemos utilizar para conocer mejor las tendencias e innovaciones del sector?

¿Cómo comunico una visión a mi equipo?

Cuando la estrategia cambie, considera cuidadosamente cómo comunicar el cambio pensando en cada una de estas preguntas.

- ¿Qué es lo que más le importa a mi equipo? ¿Qué saben sobre el estado actual de nuestro proyecto, objetivo o estrategia principal? ¿Cómo se sienten con el equipo y la organización en este momento, y qué esperan?

- ¿Qué relevancia tiene la visión para ellos? ¿Cómo desafiarían la visión? ¿Qué les haría resistirse?

- ¿Cuáles son los objetivos y los plazos específicos y mesurables? ¿Cómo puedo ayudar a mi equipo a alcanzarlos?

- ¿Cómo se beneficiarán al final? ¿Qué problemas estoy tratando de resolver para mejorar sus vidas de alguna manera?

Apéndice B

Estrategia organizativa: guía básica

Este libro se ha centrado en los aspectos cotidianos del pensamiento estratégico —comprender los objetivos de tu empresa, establecer prioridades y alinear a tu equipo— y ha dado por sentado, en su mayor parte, que tu empresa ya tiene una estrategia clara y definida.

Sin embargo, cuanto más avances en tu carrera, más participarás en el *desarrollo* de la estrategia de tu empresa. E incluso, si ahora eres un directivo nuevo o de nivel medio, entender cómo y por qué tus líderes establecen la estrategia de la organización te ayudará a ejecutarla con tu equipo.

Este apéndice explica qué *es* la estrategia, cómo formularla y en qué deben pensar los dirigentes cuando establecen y actualizan la estrategia de la empresa.

Adaptado de *Harvard Business Review Manager's Handbook* (producto #10004), Harvard Business Review Press, 2017.

¿Qué es la estrategia?

Bruce Henderson, fundador del Boston Consulting Group, escribió que «la estrategia es una búsqueda deliberada de un plan de acción que desarrolle la ventaja competitiva de una empresa y la potencie». La ventaja competitiva, continuó, se encuentra en las diferencias: «Las diferencias entre tú y tus competidores son la base de tu ventaja». Henderson cree que no pueden coexistir dos competidores si pretenden hacer negocios de la misma manera. Para sobrevivir deben diferenciarse.

Por ejemplo, dos tiendas de ropa de hombre en la misma manzana —una con ropa formal y otra con ropa de ocio— pueden prosperar. Pero, si las dos tiendas venden lo mismo en las mismas condiciones, una u otra perecerá. Lo más probable es que sobreviva la que se diferencie por el precio, la combinación de productos o el ambiente. Michael Porter, profesor de la Harvard Business School, cuyo trabajo inspira la estrategia empresarial moderna, está de acuerdo: «La estrategia competitiva consiste en ser diferente. Significa elegir deliberadamente un conjunto diferente de actividades para ofrecer una combinación única de valor». Consideremos estos ejemplos:

- Southwest Airlines no se convirtió en la compañía aérea más rentable de Norteamérica copiando a sus rivales. Se diferenció con una estrategia de tarifas bajas, frecuencias de salida, servicio personalizado y atención al cliente.

- La estrategia de Toyota al desarrollar el coche Prius con motor híbrido era crear una ventaja competitiva dentro de dos importantes segmentos de clientes: los que quieren un vehículo respetuoso con el medioambiente y barato de manejar, y los que codician lo último en ingeniería automovilística. La empresa también esperaba que el aprendizaje asociado a la fabricación del Prius le diera el liderazgo en una tecnología con enorme *potencial de futuro*.

Las estrategias pueden centrarse en el liderazgo de bajo coste, la singularidad técnica o el enfoque. Porter también sostiene que se puede pensar en ellas en términos de posición estratégica, «realizando actividades *diferentes* a las de los rivales o realizando actividades similares de manera *diferente*». Estas posiciones surgen de tres fuentes, a veces superpuestas:

- **Posicionamiento basado en las necesidades.** Las empresas que siguen este enfoque pretenden satisfacer todas o la mayoría de las necesidades de un conjunto de clientes identificable. Estos clientes pueden ser sensibles al precio, exigir un alto nivel de atención y servicio personal o desear productos o servicios que se adapten exclusivamente a sus necesidades. El enfoque de Target en los compradores preocupados por la imagen es un ejemplo de este tipo de posicionamiento.

- **Posicionamiento basado en la variedad.** En este caso, una empresa elige un subconjunto reducido de ofertas de productos/servicios dentro del conjunto más amplio que se ofrece en el sector. Puede tener éxito con esta estrategia si ofrece un servicio más rápido, mejor o a menor coste que sus competidores. La decisión de Walmart de no almacenar artículos de gran valor, como electrodomésticos y productos electrónicos, es un ejemplo de este tipo de posicionamiento.

- **Posicionamiento basado en el acceso.** Algunas estrategias pueden basarse en el acceso a los clientes. Una cadena de tiendas de descuento, por ejemplo, puede optar por ubicar sus tiendas exclusivamente en barrios de bajos ingresos. Esto reduce la competencia de los centros comerciales suburbanos y proporciona un fácil acceso a su mercado objetivo de compradores de bajos ingresos, muchos de los cuales no tienen automóviles. La decisión de Target de ubicar sus tiendas en suburbios urbanos es un ejemplo de este tipo de posicionamiento.

El simple hecho de ser diferente, por supuesto, no te mantendrá en el negocio. Tu estrategia también debe aportar valor. Y los clientes definen el valor de diferentes maneras: menor coste, mayor comodidad, mayor fiabilidad, mayor rapidez de entrega, mayor atractivo estético, mayor facilidad de uso. La lista de valores que satisfacen a los clientes es muy larga. Cuando evalúes la estrategia de tu propia empresa para obtener una ventaja competitiva, hazte estas preguntas:

- ¿Nos diferenciamos en función de la necesidad, la variedad o el acceso?

- ¿Cómo atrae nuestro posicionamiento a los clientes que se alejan de los rivales? ¿Cómo atrae a nuevos clientes al mercado?

- ¿Qué valor pretende aportar nuestra estrategia? ¿Cumple su objetivo?

- ¿Qué ventaja tangible aporta esta estrategia a nuestra empresa?

Comprender el enfoque de tu empresa en este punto perfeccionará tu capacidad de pensar estratégicamente. Y también te permitirá formular la estrategia de tu propio grupo desde la base.

Desarrolla la estrategia

Si no tienes mucha experiencia en el desarrollo de estrategias, debes saber que la mayoría de los directivos se encuentran en la misma situación. Eso es porque no es una actividad cotidiana. «Los ejecutivos perfeccionan su capacidad de gestión enfrentándose a los problemas una y otra vez», señala el profesor de la Harvard Business School Clayton Christensen. «El cambio de estrategia, sin embargo, no suele ser una tarea a la que los directivos se enfrenten repetidamente. Una vez que las empresas han encontrado una estrategia que funciona, quieren utilizarla, no cambiarla. En consecuencia, la mayoría de los equipos de dirección no desarrollan una competencia de pensamiento estratégico».

Tanto si estás revitalizando el modelo de negocio de tu equipo como si estás creando una nueva unidad de negocio desde cero, tienes que analizar cómo se relacionan las circunstancias externas de tu empresa con tus recursos internos. Esa es la esencia de la construcción de una estrategia: encontrar vínculos únicos entre las oportunidades y amenazas que se le presentan a tu empresa y tu capacidad particular de respuesta.

El orden en que se realiza este análisis es importante. Los mejores resultados se obtienen cuando se empieza por identificar un problema en el mundo y luego se trabaja para encontrar una solución dentro de la empresa. El proceso rara vez tiene éxito en la dirección opuesta: Una iniciativa estratégica que no se base en una necesidad empresarial real probablemente te hará menos competitivo en lugar de más.

A lo largo de las últimas décadas, han surgido muchos marcos para construir la estrategia, a partir del trabajo de Porter y otros. Los siguientes pasos son un esquema general de estos procesos, que pueden prepararte para contribuir a la estrategia de tu empresa, así como para garantizar que los planes de tu equipo estén bien construidos.

Paso 1: Mirar al exterior para identificar las amenazas y las oportunidades

Siempre hay amenazas en el entorno exterior de tu organización: nuevos participantes, cambios demográficos, proveedores que podrían dejarte fuera, productos sustitutivos que podrían socavar tu negocio y tendencias macroeconómicas que podrían reducir la capacidad de pago de tus clientes. La oportunidad también se puede ocultar en una tecnología nueva para el mundo, un mercado no atendido, etc.

Profundiza en tu conocimiento de este panorama recabando las opiniones de clientes, proveedores y expertos del sector en tu función con los que puedas interactuar. Mantén conversaciones con otros miembros de la organización para identificar las amenazas y oportunidades actuales. Algunas empresas, sobre todo en el ámbito tecnológico, cuentan con equipos de científicos e ingenieros para analizar los mercados, los competidores y los avances técnicos. El trabajo que realizan consiste en buscar cualquier cosa que pueda amenazar su negocio actual o apuntar hacia nuevas direcciones que su negocio debería seguir. Si es posible, infórmate sobre este trabajo.

Tanto si contribuyes directamente al desarrollo de la estrategia en tu función como si simplemente intentas comprender el entorno en el que operas, considera las siguientes preguntas:

- ¿Cuál es el entorno económico en el que debemos actuar? ¿Cómo está cambiando?

- ¿Qué querrán/esperarán nuestros clientes de nosotros en cinco años? ¿Y en diez? ¿Cómo habrá cambiado el mundo?

- ¿A qué grandes amenazas nos enfrentamos ahora o probablemente nos enfrentemos pronto? ¿Con qué aspectos del entorno actual están luchando nuestros competidores para adaptarse?

- ¿Qué oportunidades de acción proactiva tenemos ante nosotros? ¿Cuáles son los riesgos asociados a las diferentes oportunidades y posibles líneas de actuación?

Paso 2: Mirar en el interior los recursos, las capacidades y las prácticas

Los recursos y las capacidades internas pueden enmarcar y apoyar o limitar la estrategia de tu empresa, especialmente en el caso de una empresa grande con muchos empleados y activos fijos. Y con razón. Una estrategia para explotar un mercado desatendido en el sector de la electrónica puede ser inviable si tu empresa carece del capital financiero y los conocimientos humanos necesarios para llevarla a cabo. Del mismo modo, una estrategia que requiera el espíritu emprendedor de tus empleados probablemente no se pondrá en marcha si las prácticas de gestión de tu empresa premian los años de servicio por encima del rendimiento individual.

Estas capacidades internas —especialmente las humanas— son muy importantes, pero los estrategas suelen pasarlas por alto. Sea cual sea el grado de participación en el desarrollo de la estrategia de la organización o del equipo, considera preguntas como:

- ¿Cuáles son nuestras competencias como organización o equipo? ¿Qué ventaja nos dan respecto a los competidores?

- ¿Qué recursos apoyan o limitan nuestras acciones?

- ¿Qué actitudes y comportamientos fomentan nuestras prácticas de empleo?

- ¿En qué son buenos nuestros trabajadores y qué les cuesta conseguir?

- ¿Qué hace falta para aplicar un cambio real aquí?

Paso 3: Considerar las estrategias de cambio

Una vez que tengas una imagen de cómo el cambiante mundo externo afecta a tu negocio y de cómo es la empresa o tu equipo ahora mismo desde dentro, es el momento de pensar en las direcciones del cambio. Christensen ha defendido que los equipos de estrategia prioricen las amenazas y oportunidades que encuentran (él las denomina «fuerzas motrices» de la competencia) y luego discutan cada una de ellas a grandes rasgos. Como en todas las sesiones de generación de ideas, estas conversaciones tendrán más éxito si se anima al equipo a crear muchas alternativas. Rara vez hay una sola manera de hacer las cosas y, en algunos casos, las mejores partes de dos estrategias diferentes pueden combinarse para crear una tercera opción más fuerte.

Cuando trabajes con tu jefe, tus compañeros o tu propio equipo, no te apegues demasiado a tus nuevas ideas en esta fase. Comprueba tus datos y cuestiona tus suposiciones. Seguramente faltará alguna información, así que determina dónde están tus lagunas de conocimiento y cómo llenarlas. A medida que tus opciones empiecen a tomar forma, analiza las principales opciones estratégicas con otras personas, como empleados veteranos, expertos en la materia y otros actores del sector de tu red. (Tendrás que tener cuidado con la cantidad de información que compartes con cada persona, por supuesto). Recoger una amplia gama de reacciones te ayudará a contrarrestar el pensamiento de grupo.

Paso 4: Construir un buen ajuste entre las actividades de apoyo a la estrategia

Las buenas estrategias empresariales, según Porter, combinan actividades en una cadena cuyos eslabones se refuerzan mutuamente y permiten diferenciarse de la competencia. Tomemos como ejemplo el ascenso de Southwest Airlines: como describe Porter, la estrategia innovadora de la empresa se basaba en la rapidez de las salidas en las puertas de embarque, lo que permitía a Southwest realizar salidas frecuentes y sacar el máximo provecho de sus costosos aviones. El énfasis en el cambio de puertas de embarque también encajaba con la propuesta de bajo coste y alta comodidad que la aerolínea ofrecía a sus clientes. Las actividades fundamentales de las operaciones de la compañía apoyaban estos objetivos: el personal de las puertas de embarque y el personal de tierra, altamente motivado y eficaz, la política de no hacer comidas y la ausencia de transferencias de equipaje entre líneas. Todo ello hizo posible que los cambios fueran rápidos. «La estrategia de Southwest —escribió Porter—, implica un sistema completo de actividades, no un conjunto de partes. Su ventaja competitiva proviene de la forma en que sus actividades se refuerzan mutuamente».

Para sistematizar la estrategia en tu propia organización, concéntrate en estas cuestiones:

- ¿Qué actividades y procesos están implicados en la ejecución de nuestra estrategia? ¿Cuáles son las más (y las menos) importantes para el éxito de la estrategia?

- ¿Cómo podríamos modificar cada actividad y proceso para apoyar mejor la estrategia? ¿Cómo podemos organizar estos cambios para aumentar nuestras ventajas?

- ¿Qué recursos y limitaciones debemos prever? ¿Cómo aplicaremos los cambios más prioritarios y de mayor impacto?

Paso 5: Crear alineación

Una vez que hayas desarrollado una estrategia satisfactoria, tu trabajo está hecho solo a medias. La otra mitad es la implementación. Tendrás que crear una alineación entre tu personal y tus operaciones, y tu estrategia. Esto es fundamental para los directivos de cualquier nivel. Lo ideal es que los empleados de todos los niveles de la empresa entiendan (1) cuál es la estrategia, (2) cuál es su papel para hacerla funcionar y (3) cuáles son los beneficios de la estrategia para la organización y para ellos como individuos. Solo cuando tu personal comprenda bien estos tres puntos podrás —y querrás— llevar a cabo tu trabajo.

Los directivos como tú desempeñan dos papeles en este proceso. Como coordinador, debes organizar el trabajo en tu departamento para que esos esfuerzos cotidianos apoyen las intenciones estratégicas de la empresa. Esto significa redactar las asignaciones, racionalizar los procesos y reestructurar las funciones para que nadie pierda el tiempo y todo el mundo se sienta conectado con el sentido de propósito compartido. Y como comunicador, debes ayudar a la gente a entender la estrategia y cómo sus trabajos contribuyen a ella. Incluso tus empleados de nivel básico deben ser capaces de articular los objetivos de la organización y explicar cómo sus esfuerzos diarios contribuyen a lograrlos.

Índice